QUATRE-VINGTS ANS

DE

RÉVOLUTION

18 BRUMAIRE AN VIII — 1882

PAR

VICTOR PIERRE

EXTRAIT DE L'OUVRAGE INTITULE
LA RÉVOLUTION

PARIS

LIBRAIRIE DE D. DUMOULIN ET Cᴵᴱ

5, RUE DES GRANDS-AUGUSTINS, 5

1883

QUATRE-VINGTS ANS

DE

RÉVOLUTION

IMPRIMERIE.PILLET ET DUMOULIN

RUE DES GRANDS-AUGUSTINS, 5, A PARIS.

QUATRE-VINGTS ANS

DE

RÉVOLUTION

18 BRUMAIRE AN VIII — 1882

PAR

VICTOR PIERRE

EXTRAIT DE L'OUVRAGE INTITULE
La Révolution

PARIS

LIBRAIRIE DE D. DUMOULIN ET Cⁱᵉ

5, RUE DES GRANDS-AUGUSTINS, 5

1883

QUATRE-VINGTS ANS

DE

RÉVOLUTION

18 BRUMAIRE AN VIII — 1882

Bonaparte en Égypte, gravure
du temps. — Collection de M. le baron
de Vinck d'Orp, à Bruxelles.

Un mois après le coup d'État du 18 brumaire, les consuls présentèrent au peuple français la Constitution nouvelle, dite de l'an VIII. « *Les pouvoirs qu'elle institue*, disait le préambule, *seront forts et stables, tels qu'ils doivent être pour garantir les droits des citoyens et les intérêts de l'État. Citoyens, la Révolution est fixée aux principes qui l'ont commencée :* ELLE EST FINIE. »

Les gouvernements qui se sont succédé depuis ont tenu tous le même langage. Chacun d'eux s'est cru le gouvernement nécessaire; chacun d'eux s'est cru fondé à toujours. Cependant les catastrophes du lendemain ont si régulièrement répondu aux assurances de la veille qu'il y aurait bien de la présomption à faire aujourd'hui des déclarations semblables et bien de la crédulité à en tenir compte.

Ces « pouvoirs forts et stables », où sont ils? L'Empire a croulé sous l'ambition désordonnée de son chef; la maison de Bourbon a repris deux fois le chemin de l'exil; la branche cadette y a suivi ses aînés;

la République de 1848, qui se considérait comme éternelle, a donné
le spectacle d'une instabilité étrange, et le suffrage universel, qu'elle
avait institué, à chacune de ses manifestations, l'a condamnée. Nous
avons revu un second empire: à son tour, il est tombé. Qu'est
devenue la France? Mutilée sur ses frontières, désorganisée au dedans
et impuissante à retrouver une organisation, démantelée dans ses
forces morales et matérielles, minée par le gouvernement qu'elle s'est
donné et qu'elle supporte, gémissant sous des lois et des pratiques
qui légalisent les doctrines et les actes de la Commune, de honteuse
et sanglante mémoire ; en présence de ces évolutions successives, des
ruines matérielles qui s'accumulent, des ruines morales qui sont pires
encore parce qu'elles sont plus difficiles à réparer, peut-on considérer
comme un oracle le mot que Bonaparte prononçait au commencement
de ce siècle : « La Révolution est finie » ?

Au début de cette étude, deux théories s'offrent à nous.

L'une émane d'un des fils de 1789 : « Hélas! la Révolution a avorté.
Que n'a-t-elle pas promis? Où est l'effet de toutes ces promesses?
Après quatre-vingts ans de luttes, alors que nous croyions vivre en
une France « régénérée par la Révolution, organisée par l'Empereur »,
suivant la parole de son neveu, nous ne voyons que forces qui
s'émiettent, que droits qui s'ébranlent, l'intégrité territoriale ébréchée,
la prépondérance en Europe détruite, l'influence morale ébranlée ;
nous assistons à la banqueroute de la Révolution. » Dans le même
camp, sans plus de ménagements et avec une ironie mordante,
M. Renan déclare que « la Révolution française est la gloire de la
France, l'épopée française par excellence »: mais que « presque toujours
les nations qui ont dans leur histoire un fait exceptionnel expient ce
fait par de longues souffrances et souvent le payent de leur existence
nationale ». — « Il est probable, ajoute-t-il, que le dix-neuvième siècle
sera de même considéré, dans l'histoire de France, comme l'expiation de
la Révolution. Les nations, pas plus que les individus, ne sortent impu-
nément de la ligne moyenne, qui est celle du bon sens pratique et de
la possibilité ». L'écrivain ne s'arrête pas là: il estime que la Révolution « a engagé la France dans une voie pleine de singularités ».

qu'après avoir versé des flots de sang elle est très loin du but auquel elle visait, tandis que l'Angleterre, qui n'a pas procédé par révolutions, l'a presque atteint. « La France, en d'autres termes, offre cet étrange spectacle d'un pays qui essaye tardivement de regagner son arriéré sur les nations qu'elle avait traitées d'arriérées, qui se remet à l'école des peuples auxquels elle avait prétendu donner des leçons, et s'efforce de faire par imitation l'œuvre où elle avait cru déployer une haute originalité. » Enfin, après avoir signalé tous les rouages sociaux que la Révolution a supprimés : « la Révolution, conclut-il, fut irréligieuse et athée [1]. » — Ainsi, d'après ces deux auteurs, la Révolution aurait misérablement échoué.

Une autre théorie montre au contraire la Révolution marchant de triomphes en triomphes, dominant peu à peu la France et l'Europe, entraînant les princes et les monarchies, forçant les rois à s'atteler au même char qu'elle, ou leur rendant la vie misérable par les menaces les plus odieuses. Et comment nier, en effet, le spectacle que nous avons sous les yeux ? Comment ne pas reconnaître, dans tous les agents de la Révolution européenne, l'irréligion et l'athéisme qui, suivant M. Renan, sont au fond de la Révolution française ? On parle de séparation de l'Église et de l'État. Quelle hypocrisie! C'est la suppression brutale de l'Église que sous-entend ce prétendu principe: l'Église, est-ce assez dire? Tout ce qui a le caractère chrétien, mieux encore, tout ce qui a un caractère de spiritualisme, est honni, méprisé, expulsé. L'État lui-même offre à l'esprit une idée encore trop peu saisissable : on poursuivra donc l'État comme on a poursuivi l'Église, et les mêmes mains supprimeront l'un et l'autre. C'est ce qui s'appellera un jour le triomphe intégral de la Révolution.

Voilà les deux théories : l'une constate la banqueroute de la Révolution et son caractère de fantaisie ruineuse et vulgaire, l'autre proclame et signale ses progrès. Y a-t-il réellement contradiction? Il est évident que les auteurs de ces théories ne considèrent pas la Révolution sous le même point de vue et du même côté. La Révolution pouvait être l'avènement d'un régime où la liberté de chacun, saine-

1. *La Monarchie constitutionnelle en France*, par Ernest Renan, pp. 4-37 1869).

ment entendue, serait respectée; où les droits de Dieu dans la société ne seraient pas effacés par les droits de l'homme; où la liberté des uns n'aurait pas besoin de s'étayer de l'oppression des autres; d'un régime enfin qui, également armé pour le triomphe de l'ordre et pour la répression de l'anarchie, eût acheminé la nation vers de glorieuses destinées. De ce côté, il y a échec, c'est incontestable. Mais, d'autre part, cet échec même démontre que les idées contraires ont prédominé, de sorte qu'il n'est pas moins vrai de dire que si, comme régime de liberté, la Révolution est restée au-dessous de ses promesses, à l'opposite, comme régime de tyrannie, elle les a toutes remplies.

Comment elle a procédé; quelles ont été, de 1800 jusqu'aujourd'hui, ses principales étapes; ses variations d'attitude et de physionomie; ses noms, divers selon les pays, mais l'unité dans les moyens comme dans le but; la complicité inconsciente qu'elle a trouvée dans les gouvernements eux-mêmes; ses cheminements souterrains et ses luttes à ciel ouvert; ses heures d'obscurité, de silence; enfin ses jours de défaite et de triomphe : tel est l'ensemble du sujet que nous allons tenter d'exposer.

§ 1. — LE CONSULAT ET L'EMPIRE.

S'il y eut jamais un chef d'État que les événements et son propre caractère eussent mis en état de mater la Révolution, ce fut Bonaparte. Sa gloire militaire et diplomatique l'avait placé hors de pair; l'orgueil de sa nature ne souffrait pas de rivalités; son amour de l'ordre ne tolérait pas l'anarchie. Il arrivait au pouvoir porté par les acclamations de tout un peuple, et, loin de disputer comme nous sur la légalité de son coup d'État, l'opinion lui eût plutôt reproché de ne l'avoir pas accompli. Las des révolutionnaires, qui ne l'était? On l'était moins peut-être de la Révolution elle-même, en ce sens que, dépravé par elle, l'esprit public sentait encore plus le mal qui venait des hommes que celui qui venait des doctrines. Bonaparte n'échap-

LE DIX-HUIT BRUMAIRE AN VIII (9 NOVEMBRE 1799)

D'après une gravure communiquée par M. le baron de Vinck d'Orp, à Bruxelles, dix-huitième siècle. — Bonaparte pénètre dans la salle du conseil des Cinq cents, à l'Orangerie de Saint-Cloud. A sa vue, un cri de fureur éclate dans l'assemblée : « A bas le tyran ! Hors la loi le dictateur ! » Bonaparte se déconcerte et se retire. Son frère Lucien, qui présidait, s'efforce de rétablir le calme ; mais les cris : « Hors la loi ! » couvrent sa voix. Dépouillant alors sa toge et ses insignes de président, Lucien sort et exhorte la troupe à chasser les députés qui résistent. « Grenadiers, en avant ! » s'écrie Murat ; à ces mots, tout fuit. Les uns se groupent autour de Lucien, les autres sautent par les fenêtres, se dispersent dans les jardins et vont se cacher dans Saint-Cloud. « Tel fut le 18 brumaire, ère nouvelle dans la Révolution, qui aux excès de la liberté allait faire succéder les excès de la puissance. » (LAURENTIE, Histoire de France, VII, p.753.)

pait pas à ces erreurs, et lui, l'homme monarchique par excellence,
il avait touché de trop près et à la Révolution et aux personnages les
plus compromis pour qu'il n'y eût pas, de lui à eux, certaines
communications sympathiques, courants d'électricité qui soulevaient
dans leurs âmes et dans la sienne des répugnances et des adhé-
sions identiques. La nullité de son éducation religieuse; le spectacle et la pratique du matérialisme doctrinal qui est le sceau
particulier de cette époque; un goût secret, une affinité mystérieuse pour ces hommes dont son intérêt dynastique l'éloignait,
dont le rapprochaient au contraire des liens de parenté intellectuelle;
un penchant déterminé pour la souveraineté absolue, s'exerçant aussi
bien sur le spirituel que sur le temporel; la nécessité, qui en était la
conséquence, de subordonner la morale, l'équité, la justice, le droit à
cette ambition ou à cette volonté sans frein : ces diverses causes donnaient à Bonaparte, pour les idées et les pratiques révolutionnaires,
une disposition qu'il ne s'avouait pas, bien qu'il s'y abandonnât sans
regret.

Auprès de lui, autour de lui, se tenaient nombre d'anciens serviteurs de la Révolution, disposés ou à lui prêter leur concours pour
des œuvres dignes d'eux, ou à l'entraîner par des conseils qui, en rele-
vant leur crédit, pourraient diminuer le sien. C'est une liste curieuse
que celle de tous ces anciens conventionnels ou fructidoriens qui, malgré leur haine et leurs déclamations passées contre les tyrans, s'incli-
naient devant Bonaparte, sollicitaient et recevaient ses faveurs. Combien
de personnages dont leur obscurité a dérobé les traces aux recherches
de l'histoire! Sièyes et Barras, dont on pouvait craindre l'esprit ou
les intrigues, avaient été relégués dans leurs châteaux; mais quant aux
autres directeurs, à l'exception de La Réveillère-Lepaux et de Reubell,
ils avaient tous été pourvus; tous, depuis Gohier et Moulins, qu'avait
cavalièrement éconduits le 18 brumaire, jusqu'à François de Neuf-
château, le rhéteur, Letourneur et Treilhard, régicides, et Merlin, le
rapporteur de la loi des suspects. Les députés qui, après Fructidor,
s'étaient le plus énergiquement associés aux persécutions contre les
prêtres et les émigrés, Boulay de la Meurthe, Poullain-Grandpré,

Bailleul, furent admis aux fonctions publiques. Combien d'autres
furent sénateurs! Enfin, au-dessus de tous et dans une situation pri-
vilégiée, Cambacérès, le législateur de la Convention; Talleyrand,
ancien ministre du Directoire; Fouché, l'ancien proconsul de la Nièvre
et du Rhône; le premier, conseiller éclairé, mais timide; les deux

L'ENLÈVEMENT DE PIE VII

Fac-similé d'une gravure allégorique communiquée par M. le baron de Vinck d'Orp, à Bruxelles; dix-
neuvième siècle. — Le 17 mai 1809, un décret daté de Vienne déclarait les États du pape « réunis à l'empire
français ». Pie VII répondit par une bulle d'excommunication contre les spoliateurs du Saint-Siège et leurs
adhérents. Le 6 juillet suivant, le général de gendarmerie Radet envahit le Quirinal et emmène le pape
prisonnier. — L'auteur de la gravure ci-dessus, pour représenter l'enlèvement du pontife, l'a figuré enlevé
de terre en présence du général Radet.

autres, forcés de stipuler pour la Révolution, afin de stipuler en
même temps pour eux-mêmes, assez forts pour être ménagés par
l'empereur et pour ne le servir aussi que dans la mesure de leur
intérêt personnel.

« Les révolutionnaires consacrés par le sang qu'ils ont versé, écrivait Fiévée à Bonaparte, se sont faits politiques depuis qu'ils ne peuvent plus se montrer furieux. Appelés à presque toutes les places, quelques-uns même à la confiance, pouvant deviner les projets du chef de l'État, loin de montrer de l'opposition, ils mettent de la chaleur à en assurer le succès; mais, dans le silence, ils font échouer ce qu'ils paraissent appuyer, ou, lorsque cela leur est impossible, ils détournent l'opinion publique de la joie d'un bien présent pour la frapper de craintes à venir. Cette tactique peut expliquer comment le premier consul a toujours été acquérant, par des victoires étonnantes, une popularité qui semblait ne devoir jamais finir, et dont on ne rencontrait aucune trace quelques semaines après. Le mot de ces hommes est qu'il faut user Bonaparte, et, pour arriver à ce but, exalter toutes ses passions plutôt que d'essayer de les calmer[1]. » Fallait-il accomplir quelque œuvre qui fût dans les traditions de la Révolution? C'était à eux qu'il la réservait; c'est d'eux qu'il s'inspirait; c'est à eux qu'il en confiait l'exécution. Il suffirait de citer l'affaire du duc d'Enghien; mais il en est encore une autre.

Il eut la pensée, pensée admirable, et que certainement il n'avait pas empruntée aux conseils de son entourage, de rendre à l'Église catholique en France la force sociale dont la Révolution l'avait dépouillée, de rétablir la liberté de conscience et de culte, et de pacifier les esprits; dans cette tâche à accomplir, il pressentait sans doute des avantages personnels, mais l'intérêt général y trouvait aussi son compte. Les prêtres fidèles étaient, depuis Fructidor, victimes d'une persécution ouverte et réduits à se cacher; les évêques étaient à l'étranger, la plupart peu sympathiques au général de vendémiaire. Quel pouvait être le représentant de ce clergé disséminé, n'ayant qu'une existence précaire, privé de toute liberté et sans chef? Le clergé constitutionnel ne se composait plus que de quelques évêques remuants qui, à force de bruit, voulaient imposer sur leur petit nombre. C'est donc avec la cour de Rome seule que le premier consul pouvait négocier. Qu'il voulût aller vite, enlever d'assaut des concessions, c'était dans sa nature et dans ses habitudes de tactique, mili-

1. *Correspondance et relations de Fiévée avec Bonaparte*, I, pp. 15-16, octobre 1802.

LE PETIT HOMME ROUGE

BERÇANT SON FILS

———————

Le « petit homme rouge », c'est le diable; son « fils », dont le maillot est entouré de bandelettes tricolores, c'est Napoléon Iᵉʳ. Cette estampe est la reproduction, sous une forme sensible, d'une légende fort répandue pendant les premières années du dix-neuvième siècle, et consignée tout au long dans le numéro 288 (avril 1814) du *Journal des Arts, des Sciences et de la Littérature*. D'après cette légende, Bonaparte aurait dû ses succès à la protection de l'« homme rouge », auquel il était lié par un pacte conclu en Égypte, pour dix ans, la veille de la bataille des Pyramides, et renouvelé pour cinq ans seulement, quelques jours avant celle de Wagram.

Sans attribuer à ces contes populaires plus d'importance qu'ils ne méritent, la gravure ci-contre rend assez naturel le rapprochement de deux mots, l'un de Joseph de Maistre : « La Révolution est satanique dans son essence »; l'autre, de Bonaparte lui-même : « On veut détruire la Révolution en s'attaquant à ma personne. Je la défendrai, car je suis la RÉVOLUTION, moi, moi! » — Thiers, *Histoire du Consulat et de l'Empire*, X, p. 14.

taire ou autre. Mais, en publiant le Concordat, s'il se faisait de
nouveaux amis, il éloignait et mécontentait les anciens. Pour apaiser
ces derniers, il leur offrit les articles organiques.

Cette arbitraire interprétation du Concordat ne lui suffit pas. Il
avait voulu une église docile et soumise, et les effets de la constitution civile du clergé sans cette constitution elle-même. Il alla plus
loin, et dans l'illusion, singulière chez un génie si perspicace, qu'il
pourrait tenir le Pape à sa discrétion et lui dicter ses volontés, il le
fit saisir à Rome, dans son palais; il s'attribua ses États; il le traîna
de ville en ville, en l'isolant des cardinaux et de ses conseils; il le
retint prisonnier, et profita de l'intimidation qu'il exerçait sur le
malheureux pontife pour lui arracher le concordat de Fontainebleau.
Comment l'homme qui avait renversé le Directoire s'abaissa-t-il à
imiter ceux qu'il avait remplacés? Comment le héros qui se glorifiait
d'avoir relevé les autels ne craignit-il pas de porter la main sur le
chef de l'Église? Comment enfin le soldat qui avait demandé au Pape
l'onction sainte fut-il assez insensé pour se faire le plagiaire des
La Réveillère-Lepaux et des Reubell? Là encore, nous trouvons auprès
de lui ces hommes de la Révolution, entre autres Alquier, ancien
oratorien, conventionnel régicide.

Fiévée, qui les connaissait bien, ne manquait jamais, au cours de
sa correspondance confidentielle avec l'empereur, de lui dénoncer ces
étranges fonctionnaires pour qui les places n'étaient que des sûretés
contre l'avenir; qui ne considéraient l'établissement impérial que
comme provisoire et qui le réduisaient à n'être qu'une dictature personnelle et non un régime politique. « Il n'y a rien encore, disait-il
un jour à l'empereur, ni monarchie, ni véritable administration; il
n'y a que le nom de V. M. — Je vous entends; si mes successeurs
sont incapables, je n'aurai rien fait. » On le vit bien, lors de la
conspiration Malet. « Sur qui comptiez-vous donc? demandait au
général Malet le président du conseil de guerre. — Sur tout le monde,
et sur vous tout le premier, si j'eusse été le plus fort. » A ce moment,
en ami fidèle, Fiévée sonne l'alarme : « Une nation est plus forte de
ses doctrines que de ses armées... La France manque de doctrines

en tout; voilà sa partie faible; ceux mêmes qui ne le savent pas le
sentent. » — « La Révolution est partout, son nom est consacré. Je
vais plus loin, c'est un crime d'en dire du mal, et l'effroi qu'elle
inspire pourrait aller jusqu'à faciliter son retour. » Enfin, pour mon‑
trer avec quelle rapidité le dénouement de la conspiration était accepté :
« M. de Ségur passait sur la place Vendôme. Il s'approche d'un ouvrier
et lui dit : « Savez-vous, monsieur, ce qu'il y a ? — Citoyen, l'empe‑
« reur est mort et on va proclamer la république. »

Cette conspiration Malet, dont les vrais éléments ne sont pas
encore bien connus, trahit aux yeux de tous, pour l'empereur et pour
ses amis comme pour ses constants adversaires, la fragilité d'une
monarchie qui reposait non sur des institutions et des doctrines, mais
sur un homme. « S'il n'y avait qu'un parti, osait écrire Fiévée en
janvier 1813, en vingt-quatre heures tout serait fini; s'il y avait un
homme qui osât, les partisans ne lui manqueraient pas. Si le mécon‑
tentement actuel se prolonge, si on n'en saisit pas toutes les causes et
si on ne parvient pas à l'atténuer, il est impossible que le pouvoir ne
se sente pas bientôt affaibli au point qu'il cherchera trop tard les
moyens de se raffermir et de sauver la France[1]. » Bientôt, en effet,
ces conventionnels ralliés en apparence à l'empire, ces sénateurs enri‑
chis de dotations, dressèrent l'acte d'accusation contre l'empereur; ils
le dressèrent plus d'une année avant qu'il ne fût rendu public, et le
même qui, le 22 septembre 1792, avait, en termes si ridicules,
demandé à la Convention l'abolition de la royauté, l'abbé Grégoire,
fut l'un de ceux qui décrétèrent la déchéance de Napoléon. Sa chute
était la revanche de leur longue défaite et de la servitude dorée à
laquelle ils s'étaient soumis.

C'est ainsi que, sous le Consulat et l'Empire, on peut signaler
deux courants parallèles, tous deux d'origine et de caractère révolu‑
tionnaires: l'un, en dehors du maître, propre à ses conseillers, à ses
auxiliaires, à ses agents; l'autre, et ce ne fut pas le moins violent,
propre à l'empereur lui-même. Aux Cent jours, c'est encore aux
anciens conventionnels qu'il fit appel; il évoqua les fédérations pari‑

1. *Op. cit.* III, pp. 249, 251, 257, 262, 314.

NAPOLÉON A SAINTE-HÉLÈNE

Dessin de P. Delaroche, dix-neuvième siècle. D'après la photographie de MM. Goupil et Cie, à Paris.

. . . .
On jeta ce captif suprême
Sur un rocher, débris lui-même
De quelque ancien monde en éclats.
. . . .

Là se refroidissant comme un torrent de lave,
. . . .
Des trônes restaurés écoutant la fanfare,
Il brillait de loin comme un phare
Montrant l'écueil au naufrageur

V. Hugo, Odes et Ballades, Ode XI.

siennes; il tenta, à contre gré sans doute, d'exciter moins en sa faveur
que contre ceux qu'il estimait ses adversaires les préjugés et les haines
du vulgaire, et il compromit dans ces alliances peu sincères les glo-
rieux services qu'il avait rendus à l'ordre, à la société et à l'Église.

§ 2. — LA RESTAURATION.

Napoléon était tombé. Bien que, durant tout le temps de son
règne, les hommes de la Révolution, tout en feignant de le servir,
l'eussent secrètement combattu, on doit reconnaître qu'ils désirèrent
sa chute, mais qu'ils ne l'amenèrent pas. Ils grondaient, ils complo-
taient dans l'ombre, ils se réjouissaient des revers, mais ils étaient
impuissants à faire davantage. Napoléon succomba sous le poids de
sa propre ambition, ou plutôt, ayant, comme la Révolution dont il
était issu, déclaré à l'Europe une guerre perpétuelle, il se trouva un
jour que l'Europe victorieuse désarma son ennemi. Du même coup,
la Révolution subissait un échec, et ceux qui, comme Talleyrand et
Fouché, lui étaient restés fidèles le sentirent si bien, qu'ils ne songè-
rent pas à mettre leur parti en tiers dans les solutions qui se pré-
paraient. Avec une sagacité d'autant plus merveilleuse qu'elle dut être
accompagnée d'abnégation, ils reconnurent devant l'Europe que la
France vaincue ne pouvait avoir une attitude digne et respectée qu'en
se plaçant sous le patronage de l'antique famille de ses rois.

Courte trêve et consentie par quelques hommes seulement : la
contrariété des principes allait réveiller les hostilités. Si, sous l'Empire, les conventionnels avaient cherché à ébranler ou à empêcher
tout ce qui ressemblait à quelque chose de fixe et de durable, comment eussent-ils toléré un régime qui s'inspirait avant tout de la tra-
dition et du droit? Pendant les Cent jours, les *libéraux* avaient fait
cause commune avec les hommes de la Convention et de l'Empire:
ils restèrent unis, et ces libertés publiques que Louis XVIII reconnut,
que la Charte consacra, les ennemis de la Restauration s'en servirent
aussitôt pour la combattre. Entre les Bourbons et la Révolution,

c'était un duel à mort. Les régicides furent envoyés en exil; des conspirations incessantes s'élevèrent contre les Bourbons. Au lieu même de se localiser en France, la Révolution se répandit en Europe : en Allemagne. le *Tugend-Bund*, les *Descamisados* en Espagne, les *Carbonari* en Italie. Ceux-ci passèrent les monts et prirent pied en France, se liguant avec la franc-maçonnerie qui formait comme le premier degré de l'initiation révolutionnaire. Les hommes les plus marquants du parti libéral appartenaient à la charbonnerie. *Ventes* particulières, *ventes* centrales aboutissaient à une *haute-vente* que dirigeaient La Fayette, Foy, Voyer d'Argenson, etc. La justice frappait d'obscurs comparses, et les vrais coupables se plaignaient d'être soupçonnés. « Que ceux, leur disait M. de Martignac, qui se plaignent d'avoir été désignés par les accusés de la conspiration, montent à cette tribune; qu'ils y viennent protester de leur amour pour le roi et la légitimité, de leur horreur pour la trahison et la révolte. Voilà ce que je ferais, si j'étais dans une position semblable à celle où se trouvent quelques membres de cette Chambre, et. confiant dans mon innocence, j'attendrais avec respect la décision des tribunaux. » Ce loyal conseil, on se gardait bien de le suivre.

L'hypocrisie se donnait carrière. Les *libéraux* dénonçaient la conspiration occulte, la Congrégation, les Jésuites; or, à côté de ce péril imaginaire, s'organisait dans l'ombre le péril tout autrement grave des conspirations permanentes dans les loges des francs-maçons et les ventes des carbonari. C'était le temps où M. Cousin sollicitait du ministre de la maison du roi une mission en Italie pour aller collationner des manuscrits: il l'obtenait, tout *libéral* qu'il fût et professeur suspendu, et il en profitait pour distribuer les mots d'ordre sur son passage. On avait reproché naguère aux émigrés, chassés de leurs châteaux par l'émeute, par l'assassinat, par le pillage. d'avoir tourné leurs armes contre la France et d'avoir cherché à reconquérir ainsi leurs domaines. leur qualité de citoyens et leur liberté. La guerre d'Espagne éclate : de même que le roi de France ne souffre pas qu'un prince de son sang soit accablé par la Révolution. les complices français de la révolution espagnole passent les Pyrénées, et les premiers coups de fusil qui atteignent l'armée française partent de bourgeois français, *libéraux*, qui s'appellent Carrel et Fabvier. Tout cela est incontestable. Mais les libéraux se donnaient des licences qu'ils n'accordaient pas à leurs adversaires, et condamnaient chez ceux-ci tels actes qu'ils se permettaient sans scrupule à eux-mêmes.

Parallèlement à la conspiration à main armée, marchait la conspiration de l'histoire, de la littérature, de la philosophie. C'est de ce temps-là que datent ces histoires de la Révolution française, légères de documents et d'autorité, mais dont les affirmations hardies passèrent longtemps pour donner le dernier mot de la science. A travers les noms du passé, on visait le régime présent, et telle était la ligue antihistorique que formaient les *libéraux*, que La Réveillère-Lepaux, écrivant alors ses mémoires, demandait qu'on en ajournât la publication, de peur que la royauté constitutionnelle n'y trouvât des arguments contre la Révolution. C'est de ce temps que datent ces Leçons de M. Cousin, où l'hégélianisme se parait des couleurs de l'éloquence, et dans lesquelles toute cause victorieuse était absoute par son succès. C'était le temps, enfin, où le romantisme élevait son drapeau et sacrifiait à une imagination sans contrepoids la raison, le bon sens, la morale privée et publique.

Ces licences, les uns se les donnaient dans la pensée de détruire le gouvernement, les autres parce qu'ils avaient confiance dans sa solidité. Ni Dupin, ni Casimir Périer, ni tant d'autres, n'étaient des ennemis nés de la royauté ou des Bourbons; ils cédaient tantôt à un penchant à l'opposition trop naturel chez les Français, tantôt encore aux ressentiments de gens qui, au sortir de la Révolution et de ses fallacieuses phraséologies, se retrouvaient en face d'hommes qui n'en pouvaient que haïr les personnes et les choses, et qui vivaient des reliefs de l'ancien régime, alors que l'ancien régime avait disparu. Il y avait là une transition à ménager; dans l'un et l'autre camp, la mort l'eût faite peu à peu, et la France, placée entre la dynastie de Bourbon d'une part et ses aspirations libérales de l'autre, associant ces deux éléments nécessaires, eût réalisé une de ces alliances de

Documents historiques très-curieux sur les sépultures faites en 1793 !!!! dans le Cimetière de la Magdeleine.

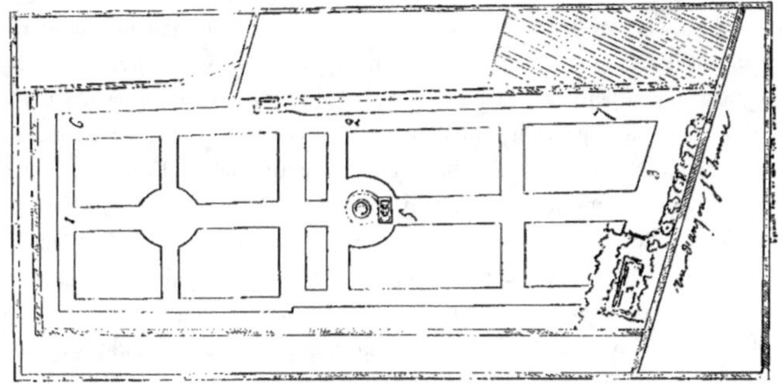

PLAN DU CIMETIÈRE DE LA « MAGDELEINE »

D'après un fac-similé exécuté par M. Pilinski, paléographe, à Paris. — C'est sur l'emplacement de ce cimetière, dans lequel étaient inhumés Louis XVI et Marie-Antoinette, que Louis XVIII fit élever la Chapelle expiatoire. Ce plan est accompagné de la légende suivante :

« EXPLICATION

« des numéros du plan du cimetière de la Madeleine, rue d'Anjou, faubourg Saint-Honoré, n° 48, dans lequel (se trouvent) les tombeaux de St Louis second (Louis 16), et de la Reine son Épouse, érigés par le Sr Descloseaux et ses filles, mais sans indications d'époques.

« Le n° 1er. — Fosse faite au fond du terrain ou sont déposés, le 6 juin 1770, 133 corps de ceux qui ont péri place Louis 15, rue Royale et porte Saint-Honoré, le 31 mai précéd., au feu d'artifice du mariage de Louis 16, alors Dauphin de France, avec Marie-Antoinette d'Autriche, qui ont été inhumés ensuite dans le même cimetière en 1793.

« Le n° 2. — 1re fosse près du mur mytoyen du jardin Descloseaux, dans laquelle ont été mis les corps de 1 ecclésiastiques tués au château et environ 500 Suisses fidèles de la garde du Roi, péris le 10 août 1792.

« Le n° 3. — 2e fosse près du mur de la rue entre la porte près le tombeau, dans laquelle ont été mis 500 autres Suisses de la garde fidèle du Roi, péris le 10 août 1792.

« Le n° 4. — Tombeau de Louis 16 déposé le 21 janvier 1793, à 10 heures 1/2 du matin; on a fait une fosse de 8 pieds de profondeur, dans laquelle on a mis beaucoup de chaux; le corps du Monarque a été mis dans une bierre de bois avec de la chaux pardessus.

« Le 16 octobre 1793 le corps de la Reine, son Épouse, a été mis à côté de lui, avec pareille quantité de chaux.

« Le n° 5 est la fosse de Charlotte Corday, exécutée au mois de juillet 1793; elle est seule au milieu du terrain.

« Le n° 6 est une grande fosse à droite, dans le fond du terrain, ouverte peu de temps après la mort du Roi; dans cette fosse le corps de Mgr le duc d'Orléans a été mis avec beaucoup d'autres personnes frappées du glaive de la loi; cette fosse a été comblée vers le milieu du mois de décembre 1793 et doit contenir un très grand nombre de victimes.

« Le n° 7 est une grande fosse au pied du mur de la maison Descloseaux, dans laquelle il y a eu à peu près 1000 victimes, la plus grande partie des personnes nobles distinguées par leur attachement au Roi.

« Quoique tout le quartier fût infecté par la putréfaction des corps enterrés, le Sr Descloseaux n'a pu obtenir la fermeture de ce cimetière que pour les premiers jours du mois de mai 1794, et alors on a transporté dans un cimetière, à Mousseaux, les corps des autres victimes, dont une des premières a été Mme Élisabeth, que tous les bons François ont pleurée. »

raison qui, dans l'ordinaire de la vie, ne sont ni les moins durables ni les moins heureuses.

Cependant, Louis XVIII avait deux fois obtenu de l'Europe victorieuse des conditions moins défavorables; il avait libéré le territoire avant le délai fixé par les traités; il avait relevé l'honneur du nom français à l'étranger. Les *libéraux* s'en taisaient alors ou affectaient de ne pas lui en savoir gré : l'histoire a plus de mémoire et de justice. Elle a déjà proclamé qu'épuisée par vingt ans de guerre, deux fois vaincue, deux fois envahie, la diplomatie de la France n'avait pas à Vienne l'humilité de sa situation : elle parlait, discutait, refusait comme si elle n'eût pas traité avec des vainqueurs. Elle avait offensé l'Europe, et l'Europe ne s'en souvenait pas; elle payait des indemnités de guerre, et ses ambassadeurs marchaient en tête du corps diplomatique comme au temps du grand roi. Son prestige avait survécu à sa puissance[1].

Le secret de cette fortune singulière n'est pas difficile à découvrir. Les princes de l'Europe, agités par les secousses de la révolution française, aimaient à se reposer sur cette famille de Bourbon qui représentait un système héréditaire et des traditions de loyauté et de paix sociale. La France, après être sortie du concert européen, y rentrait : grand bienfait pour l'Europe; bienfait non moindre pour la France. La Sainte-Alliance, en effet, n'était pas faite contre elle, mais contre les éléments révolutionnaires qu'elle avait développés et qui fermentaient encore; il ne tenait qu'à la France de s'associer à cette œuvre nécessaire. Elle le pouvait sans rien engager de son honneur ni de sa liberté diplomatique : quel gouvernement fut plus indépendant dans sa politique extérieure que celui qui, à entendre les *libéraux*, avait été imposé par l'Europe et se tenait à sa merci ?

Les gouvernements conservateurs et les gouvernements révolutionnaires ont, dans leur vie comme dans leur histoire, un sort bien différent. Sous les gouvernements révolutionnaires, on vit de phrases et de légendes, on comprime la vérité ; mais, lorsqu'ils tombent,

1. « Talleyrand fait ici le ministre de Louis XIV », disait Alexandre.

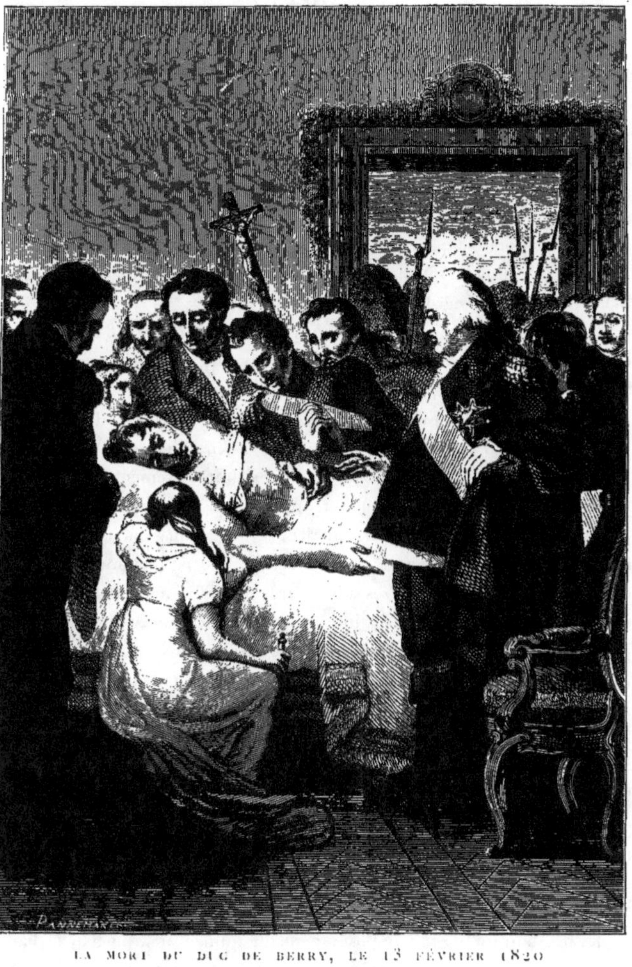

LA MORT DU DUC DE BERRY, LE 13 FÉVRIER 1820

D'après la gravure de Desenne, dix-neuvième siècle. — Le prince sortait de l'Opéra, lorsqu'un garçon sellier, nommé Louvel, le frappa d'un coup de poignard. Quelques heures plus tard, le duc de Berry rendait le dernier soupir, au milieu de la famille royale, après avoir demandé les secours de la religion et la grâce de son meurtrier. Ancien élève de l'*Institution des Enfants de la patrie*, nourri des principes révolutionnaires, l'assassin ne témoigna aucun regret. Quand on voulut lui parler de Dieu : « Dieu, répondit-il, n'est qu'un mot ! » Chateaubriand put dire aux révolutionnaires : « Ce sont vos exécrables doctrines qui ont assassiné cet enfant de l'exil » ; et Charles Nodier, que « le poignard de Louvel était une idée libérale ».

cette vérité méconnue se lève : elle écarte tous les nuages, et, derrière une fantasmagorie sans réalité, on ne retrouve plus qu'un squelette. Pour les gouvernements conservateurs, il en va tout autrement. Dans le cours de leur existence, ils sont combattus, calomniés, vilipendés ; mais aussi, quand l'histoire fait son œuvre, plus elle plonge dans leurs intentions et dans leurs actes, plus la justice s'accomplit, plus les appréciations saines se font jour, et ces gouvernements reprennent un aspect d'honneur qui deviendra de la gloire dans la mémoire reconnaissante de la postérité.

Ainsi en arriva-t-il de la Restauration. Les *libéraux* d'alors l'attaquaient sans cesse, et ce sont les mêmes qui, racontant aujourd'hui son histoire, n'hésitent pas à faire amende honorable de leurs anciennes imputations. Quel ministre fut plus critiqué que M. de Villèle ? Aujourd'hui l'on rend hommage à toutes ses combinaisons financières ; il n'est pas jusqu'à cette loi d'indemnité, si improprement appelée « le milliard des émigrés », qui ne soit appréciée par les historiens de tous les camps comme une loi de justice, utile à tous encore plus qu'à ceux qui paraissaient en avoir le privilège, loi éminemment morale, et que M. Thiers, l'un de ses adversaires, s'est borné à copier, même dans son texte, lors de la restitution des biens injustement confisqués par Louis Bonaparte sur les princes d'Orléans. Les éclats de M. de Chateaubriand contre M. de Villèle sont jugés aujourd'hui comme les colères d'un amour-propre froissé, et M. de Villèle reste l'un des derniers types du ministre des finances et du ministre dirigeant. M. Lainé, M. de Serre n'obtiennent pas moins de succès ; le plus beau titre que se reconnaissait M. Thiers, après la guerre de 1870-71, celui de « libérateur du territoire », le duc de Richelieu ne l'a-t-il pas obtenu de l'Europe conjurée, et cela moins par la force de la France que par la loyauté de son ministre, reconnue de tous, et par la sûreté de sa parole ?

La Restauration avait opposé, pendant quinze ans, une forte barrière au torrent révolutionnaire ; on le reconnut trop tard en voyant avec quelle fougue, ce rempart tombé, le torrent se répandit sur la France et sur l'Europe.

PORTRAIT DE M. DE VILLÈLE

D'après une peinture appartenant à M. le comte de Neuville, gendre de M. de Villèle. — Adversaire résolu de la Révolution, le comte de Villèle fut l'un des financiers les plus remarquables qu'ait produits la France. Élevé en 1821 à la présidence du conseil des ministres, il remplit, durant sept ans, avec un éclat et une supériorité incontestables, les fonctions importantes auxquelles l'avait appelé la juste confiance des rois Louis XVIII et Charles X. «paroles de M. le comte de Chambord» «La France, dit M. le marquis d'Audiffret, qui avait été si récemment épuisée par les désastres de 1814 et de 1815, était redevenue riche, puissante et respectée sous la tutelle du génie prévoyant et réparateur d'un grand ministre.» (Voir Notice historique sur le comte de Villèle, par M. le comte de Neuville, pp. 205 et 314; Paris, Fontaine, éditeur.

§ 3. — LE GOUVERNEMENT DE JUILLET.

Un des conventionnels régicides, qu'une loi de la Restauration avait exilé et qui résidait en Suisse, Genevoix, disait à son domestique, avant de mourir : « Quand les Bourbons seront partis, tu frapperas deux coups sur ma tombe, et tu me diras : Monsieur, monsieur, ils sont partis! »

Ces hommes, dans lesquels le roi Louis XVIII avait senti d'irréconciliables ennemis et qu'il avait exceptés de l'amnistie, le gouvernement de Juillet, au lendemain de son avènement, leur rouvrit les portes de la France. Leur rappel, si peu d'importance personnelle qu'ils dussent avoir d'ailleurs, symbolisait tout ce que le nouveau régime allait écarter comme tout ce qu'il allait admettre, ses rapports diplomatiques avec les puissances comme sa situation intérieure. La nouvelle rupture de la France avec la maison de Bourbon représentant la royauté légitime paraissait le signal d'un nouveau droit destiné à rééditer les théories de 1792, aussi bien les théories d'agression de la Révolution que les théories de défense de l'Europe monarchique. Tout semblait remis en question : les traités de 1815, les distributions d'États, surtout l'esprit conservateur dont s'inspirait depuis quinze ans la politique européenne. La révolution de Juillet trouvait des échos à Bruxelles, en Pologne, en Italie, et, soit que le mouvement de Paris eût provoqué directement cette agitation des peuples, soit que l'agitation se propageât comme par une loi de nature d'après laquelle une onde soulevée poursuit son mouvement jusqu'au plus lointain rivage, les rois ne pouvaient voir sans inquiétude cette révolution d'où en naissaient tant d'autres, ce coup d'État étranger qui se répercutait au delà de ses frontières, ce prince de Bourbon, chef d'une révolution qui renversait à la fois et la famille régnante, et le droit dont elle s'autorisait, et le droit général de l'Europe.

Les historiens les plus favorables au gouvernement de Juillet n'en méconnaissent plus les origines révolutionnaires. Louis-Philippe avait pu écrire à Charles X, dans la nuit du 30 au 31 juillet, une lettre qu'il souscrivait : *fidèle sujet ;* mais son entourage, les hommes auxquels il était livré, l'espèce de fatalité qui pesait sur lui, eurent vite raison de ses résistances. Que ne peuvent sur une âme indécise et plus sensible à la prétendue loi des circonstances qu'à l'inflexible loi du devoir, que ne peuvent la volonté énergique et les conversations de ceux qui la pressent, le spectacle de la foule, l'immédiate et brutale force des choses présentes! « On me supposait heureux, disait-il plus tard (1850); je n'étais que résigné. Je remplissais un devoir, je tentais de reconstituer l'autorité. Si j'avais pu le faire, j'aurais renoué la chaîne des temps, qu'une terrible secousse venait de rompre. J'ai essayé. Je croyais que la république était le plus grand malheur qui pût frapper la France. »

Les hommes qui l'entouraient peuvent être classés en trois partis. Le premier, qui fut assez vite éconduit, se composait des républicains ou se disant tels; ils se seraient laissé apprivoiser à la monarchie, si la monarchie ou ses serviteurs immédiats leur avaient fait la part assez grosse dans la distribution des fonctions publiques. Les deux autres partis étaient attachés à la monarchie nouvelle ; mais, pour l'un, la dynastie de Louis-Philippe était la fille légitime de la Restauration, tandis que pour l'autre c'était une branche nouvelle et révoltée. Les complaisances des premières heures avaient établi plus d'un lien entre ces deux partis que ralliaient à la fois et le principe de la monarchie et la nécessité de se défendre contre les républicains et les légitimistes; mais, quand le trône de Juillet parut bien assis, ce fut de ces interprétations différentes que naquit la division. M. Guizot, malgré les compromissions dont il s'est accusé plus tard, représentait davantage le premier parti, vers lequel le roi Louis-Philippe inclina de plus en plus; dès le début, M. Thiers s'était rangé dans le second.

Ce caractère révolutionnaire des hommes de Juillet, même de ceux qui étaient le plus engagés dans le gouvernement, les plaçait, aux jours de répression, dans une situation très embarrassante. Lorsque l'émeute saccagea Saint-Germain-l'Auxerrois et l'archevêché, Odilon Barrot, préfet de la Seine, ne savait comment faire pour jouer le rôle

de l'autorité; au lieu de réprimer ce vandalisme impie, digne de celui
de 93, il s'avisait d'accuser l'ignorance des masses et prenait l'émeute
au compte du gouvernement. La Fayette, qui avait mis sa main dans
celle des carbonari, sauf à les désavouer publiquement, s'étonnait que
ses camarades de conspiration lui rappelassent ses promesses en prati-
quant ses doctrines. En 1835, devant la cour des pairs, l'un des
accusés, Trélat, s'écrie, et personne ne l'arrête : « Il y a ici tel juge qui a
consacré dix ans de sa vie à développer les sentiments républicains
dans l'âme des jeunes gens. Je l'ai vu, moi, brandir un couteau en
faisant l'éloge de Brutus. Ne sent-il donc pas qu'il a une part de
responsabilité dans nos actes? Qui lui dit que nous serions tous
ici sans son éloquence républicaine? Cousin. J'ai là devant moi
d'anciens complices de charbonnerie. Je tiens à la main le serment
de l'un d'eux, serment à la République. Barthe et Montebello. Et ils
vont me condamner pour être resté fidèle au mien! »

Les doctrines en cours n'étaient pas moins révolutionnaires que les
hommes. A considérer l'irréligion sauvage qui s'abattait sur la France,
le matérialisme honteux qui l'envahissait, l'impudence des foules, la
froide incrédulité des fonctionnaires, la haine contre le prêtre se
donnant carrière, qui ne se serait cru au lendemain du 10 août 1792,
au lendemain des lois de proscription des 18 et 20 août! Comment
ne pas rappeler la croix arrachée du sommet du Panthéon, le crucifix
enlevé de la première chambre de la cour d'appel et qui n'y fut re-
placé que neuf ans après, sous le courageux ministère de M. Molé;
la basse littérature théâtrale encourageant publiquement le mépris de
la religion, sous l'œil de la police qui ne disait rien et qui tolérait
tout; certaines fantaisies du roi lui-même qui semblait retrouver non
sans plaisir dans cette exhumation d'impiété les souvenirs de sa jeunesse voltairienne; en face de ce déchaînement, un ministère, est-ce
assez dire? des ministères se léguant l'un à l'autre une série de
déplorables condescendances; ceux-là même qui s'appelaient les « doctrinaires » si engagés dans ce système que les plus sincères ont dû,
trente ans après, se frapper la poitrine pour les fautes qu'ils avaient
commises alors et que leur orgueil ne leur permettait pas d'avouer :

PILLAGE DE L'ARCHEVÊCHÉ DE PARIS, LE 15 FÉVRIER 1831

D'après un dessin inédit de Raffet, communiqué par M. Cain, sculpteur, à Paris. — « En un clin d'œil les appartements avaient été envahis... On voyait tournoyer en l'air et tomber dans le jardin, lancés de toutes les fenêtres, livres rares, manuscrits précieux, riches crucifix, missels, chasubles, ornements de toute espèce. Ce qui fut perdu pour l'art et pour la science dans ce jour de folie est incalculable... M. Thiers, sous-secrétaire d'État au ministère des finances, fut aperçu se promenant devant ces ruines avec un visage satisfait et le sourire sur les lèvres. » (Louis Blanc, *Histoire de dix ans*, II, pp. 290 à 292.) Le cœur de Louis XVII, que le docteur Pelletan avait renfermé dans une boîte de plomb scellée de son sceau et remis à Mgr de Quélen, fut jeté dans la Seine. — La veille, la populace avait saccagé l'église et le presbytère de Saint-Germain-l'Auxerrois.

Un jour, le dégoût vint. Il fallait ou succomber ou résister, se retirer ou combattre. Celui qui prit alors les rênes n'était ni un de ces fiers doctrinaires à qui leur propre souplesse avait fini par déplaire, ni un de ces hommes politiques qui avaient épousé sans arrière-pensée la nouvelle révolution et la dynastie qu'elle avait couronnée; ce n'était davantage ni un soldat fatigué d'anarchie, ni même un homme de caractère énergique et entreprenant. Homme de finance, âme hésitante, esprit sans grande culture, Casimir Périer n'avait été jusque-là ni un révolutionnaire, ni un homme de gouvernement. Il avait épousé la révolution sans empressement; il l'avait fait quand le danger était passé. Comment le spectacle de toutes ces ignominies et de toutes ces bassesses lui inspira la résolution d'abandonner le parti pris des concessions; comment il osa lutter contre la Chambre, contre ses collègues, contre le roi lui-même; comment une fièvre d'énergie et de dignité s'empara de ce caractère indécis; comment enfin son nom devint ainsi le symbole de l'ordre et de l'autorité : ce serait une question laborieuse à résoudre. Quoi qu'il en soit, cette crise d'obstination chez un homme marqua pour la France le terme de la période plus spécialement révolutionnaire du gouvernement de Juillet, et, s'il m'est permis de me citer moi-même : « Louis-Philippe abdiqua dès lors le rôle de courtisan du peuple, le sang de Bourbon tressaillit dans ses veines : il comprit qu'il devait vivre et régner en roi [1]. »

C'est à cette époque que se rapportent les premières tentatives de la Révolution européenne pour créer et coordonner un mouvement d'ensemble. Les francs-maçons avaient formé la première initiation; les carbonari la seconde. Une troisième, plus hardie et plus décidée, fut imaginée et organisée par Mazzini. C'est en 1832, après l'échec des conspirations piémontaises auxquelles s'était associé Charles-Albert, que les conjurés, forcés de s'exiler, constituèrent à l'étranger ce foyer d'agitations qui embrassait la Suisse, la Pologne et la Hongrie, mais dont l'affranchissement de l'Italie était le but principal. Alors naquirent ces dénominations de *Jeune Italie, Jeune Allemagne,* etc., qui

[1]. *Histoire de la République de 1848,* t. I, p. 13.

indiquaient à la fois et le renouvellement des cadres des conspirateurs et leur affiliation d'un pays à l'autre. Alors aussi commencèrent à se manifester par des négations plus ou moins complètes des principes en cours, principes politiques, sociaux, religieux, les théories du radicalisme. Ces théories n'étaient que le reflet de celles qu'avaient prônées les apôtres les plus avancés de la Révolution française, avec cette distinction entre leurs partisans que les uns, comme Mazzini, gardaient une sorte d'idéalisme mystique, tandis que les autres dépassaient leurs ancêtres en matérialisme. Alors enfin, surtout en Italie, commença de la part soit de Mazzini, soit des libéraux italiens, cette guerre au Pape comme souverain temporel (c'était le prétexte), au fond comme le représentant le plus auguste des croyances catholiques et comme la clef de voûte de l'édifice social, tel que le christianisme l'a constitué. Tactique aussi juste qu'habile et qui, en dénonçant l'autorité suprême, aurait dû signaler à tous les princes détenteurs de l'autorité la forteresse qu'il fallait défendre pour se défendre eux-mêmes; mais, tout à l'opposé, les princes trempèrent dans la conjuration des sociétés secrètes, et, au milieu de l'ébranlement général, ils y ajoutèrent encore en adressant collectivement un mémorandum de représentations au Saint-Siège.

Le mazzinisme a un caractère spécial, qui a fait école dans l'histoire contemporaine du radicalisme et qui le déshonore à jamais : c'est l'assassinat politique décrété dans des conciliabules d'où le conjuré sort avec un mandat de tuer. Louvel avait, en 1820, donné le signal ; que d'imitateurs n'eut-il pas sous le règne suivant! Le *Moniteur républicain* prêchait le régicide : Alibaud, Fieschi, Meunier et tant d'autres accomplissaient les doctrines. Depuis, combien d'autres assassinats, depuis Rossi, assassiné à Rome aux portes de la Chambre des députés, publiquement, aux applaudissements d'une populace sans vergogne et dans le silence de tous les honnêtes gens frappés de stupeur, jusqu'à Napoléon III, mainte fois attaqué, sans parler du prince de Prusse, l'empereur actuel, en 1848, en 1862, en 1878; du duc de Parme tué en 1854; de Lincoln, de Lopez, de plusieurs présidents des républiques de l'Amérique du Sud, victimes du même fanatisme : de la reine Isabelle, du roi de Naples, des rois d'Espagne, du roi d'Italie; enfin du czar Alexandre, la dernière et la plus éclatante victime de cette bande féroce!

Un autre caractère sinon du mazzinisme proprement dit, du moins du radicalisme, c'est la corruption systématique de ceux qu'il veut employer à ses desseins. Les archives de Neuchâtel, en Suisse, possèdent les correspondances saisies sur les fauteurs de la *Jeune Allemagne* : on y a constaté le parti pris de matérialisme honteux auquel les initiateurs soumettaient les adeptes. Ce n'est pas assez d'ébranler le dogme de l'Église catholique qui en conserve le dépôt sacré; tout ce que la nature humaine, relevée par la morale, garde et peut développer de loyauté, de dignité, de dévouement, les doctrines radicales le retranchent de l'âme : elles l'avilissent pour la dominer plus aisément.

Si nous passons à d'autres doctrines, nous retrouverons les mêmes tendances, moins effrontément affichées, mais aboutissant aux mêmes résultats. Le saint-simonisme n'affectait-il pas d'être la réhabilitation de la chair, la remise en honneur de la matière? Dans la fantasmagorie mystérieuse de ses formules, ne marchait-il pas à la désorganisation de la famille? C'est en apercevant ce péril que les frères se divisèrent en deux camps, l'un qui ne retint du saint-simonisme que l'élan industriel qu'il imprimait à la société française, l'autre qui se perdit dans les rêves et se fit tout de suite oublier. L'Icarie de Cabet et le fouriérisme, d'autres systèmes moins connus, portaient tous ce double caractère, qu'ils ne rêvaient de réformes que dans l'ordre matériel, et qu'ils attendaient le succès de leurs rêves d'une révolution prochaine, à la fois sociale et politique.

Cependant les lois de répression, l'énergie du pouvoir, l'opinion publique même avaient eu raison et des troubles de la rue et des menées des sociétés secrètes; le gouvernement s'affermissait sous un ministère qui, fait unique en France dans le régime parlementaire, durait depuis sept années; l'insurrection chronique, qui avait armé, de 1830 à 1839, presque chaque année, privée de ses chefs, avait abandonné le champ de bataille; les républicains se rapprochaient peu

MASQUE MORTUAIRE DE BÉRANGER

D'APRÈS L'ORIGINAL CONSERVÉ A L'HOTEL CARNAVALET

« Béranger a été à son jour poète solennel d'une école politique. » Il a cherché « la popularité dans la chanson philanthropique et le socialisme sentimental ». Le dieu qu'il chante est « un dieu de grisettes et de buveurs, un dieu auquel on peut croire sans pureté de mœurs ni élévation d'esprit ». (ERNEST RENAN, *Questions contemporaines*, pp. 465, 468 et 473.) — Par ses chansons, Béranger a été, au dix-neuvième siècle, l'un des grands auxiliaires de la Révolution. Sous la Restauration, au moment de la guerre d'Espagne, Béranger, le poète réputé pour son patriotisme, avait composé à l'adresse de notre armée une chanson intitulée le *Nouvel ordre du jour*, et qui était un appel à la trahison. Il mettait en scène un sous-officier de l'empire et un jeune soldat, et chaque couplet se terminait par ces mots : *Garde à vous ! demi-tour !* Voici un extrait de cette chanson qui fut répandue par milliers dans l'armée des Pyrénées :

— Notre ancien, qu'a donc fait l'Espagne ?
— Mon p'tit, ell' sent plus qu'aujourd'hui
Ferdinand fasse périr au bagne
Ceux-là qui se sont battus pour lui.
Nous allons tirer de peine
Des moines blancs, noirs et roux,
Dont on prendra d' la graine
Pour en r'planter chez nous.
Brav' soldats ! demi-tour !

— Notre ancien, qu' pensez-vous d' la guerre ?
— Mon p'tit, ça n'ira jamais bien.
V'la z'un prince qui ne s'y connaît guère,
C'est un' poire m'ôll' de bon chrétien ;
Bientôt l' fils d'Henri quatre
Voudra qu'un jour d'action
On n' puisse aller combattre
Sans billet de confession.
Brav' soldats ! demi-tour !

Et le refrain était le suivant :

Brav' soldats ! v'là l'ordre du jour,
Point d' victoire
Ou n'y a point de gloire :
Brav' soldats ! v'là l'ordre du jour,
Garde à vous ! demi-tour !

Tandis que ces excitations s'adressaient à nos soldats, il se formait sur la rive gauche de la Bidassoa un corps de réfugiés français, de ceux qui avaient pris part aux dernières conspirations militaires de Paris, de Toulon et de Saumur. Dès que notre premier corps d'armée se disposa à traverser la rivière, ces réfugiés se mirent à provoquer nos soldats en leur montrant le drapeau tricolore, en chantant *la Marseillaise* et en criant : « Vive l'artillerie française ! — Vive l'artillerie française ! répondit le général Valin, et vive le roi ! » Et en même temps il commanda le feu.

Mais d'autres écrivains, dont plusieurs sont encore vivants, ont apporté à la Révolution un secours bien autrement puissant. Lamartine, par son *Histoire des Girondins*, avait « doré la hache du bourreau » ; Thiers, par son *Histoire de la Révolution*, lui l'un des créateurs de la légende révolutionnaire.

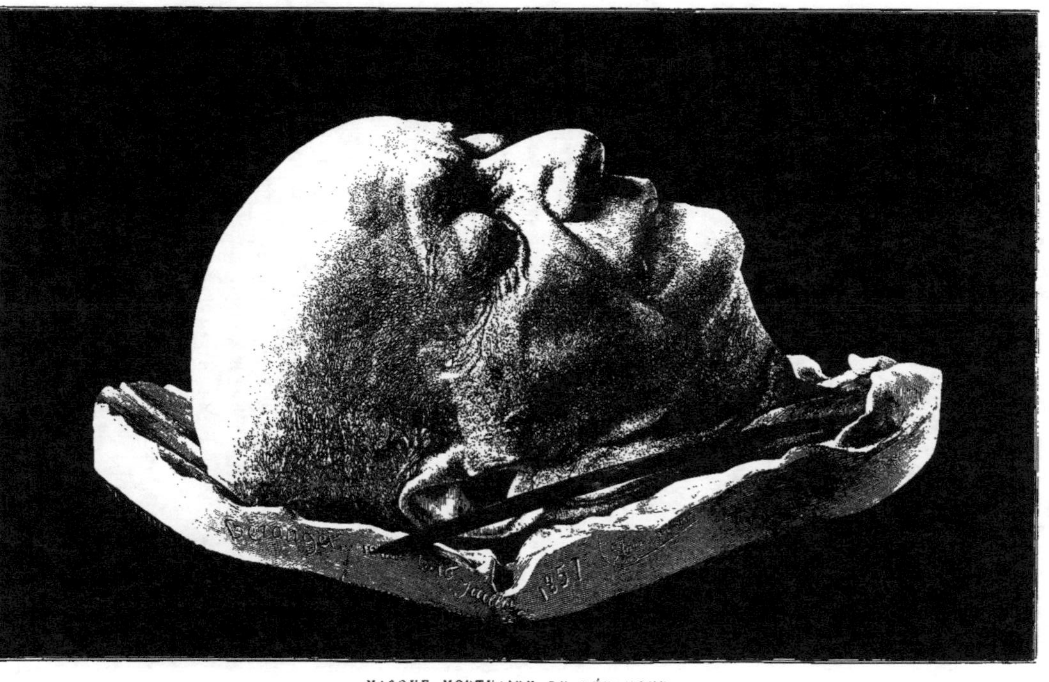

MASQUE MORTUAIRE DE BÉRANGER

D'après l'original conservé à l'hôtel Carnavalet, dix-neuvième siècle.

à peu de la charte et laissaient aux partis extrêmes l'opposition radicale. La dynastie d'Orléans regagnait au dehors le crédit que la Révolution lui avait fait perdre; l'empereur Nicolas, qui lui tint si longtemps rigueur, se décidait à la reconnaitre et à faire accueil à ses ambassadeurs; les expéditions algériennes avaient créé à la France un noyau de généraux et de soldats. Enfin, si l'héritier présomptif du trône avait été subitement enlevé à l'espoir de sa famille et de la France, les nombreux rejetons qui entouraient le vieux roi semblaient promettre à sa race la stabilité et la durée.

D'où vint l'attaque? Ni des légitimistes, ni des républicains, ni des bonapartistes : de ces trois côtés, tout était apaisé. Elle vint des parlementaires, des libéraux orléanistes, des partisans de la première heure. L'édifice qu'ils avaient contribué à élever leur parut de force à défier l'orage, et, cet orage, ils ne craignirent pas de le déchaîner. On fit le siège du ministère; c'était en réalité le siège du gouvernement; le cri de réforme était un programme de révolution. Dans les rangs des assaillants, M. Thiers marchait en tête. En novembre 1831, à l'heure où la monarchie de Juillet tremblait encore sur ses fragiles bases, M. Thiers, courant à sa défense, insistait sur « la nécessité » du nouvel établissement : « La France a cherché à se sauver. Elle s'est arrêtée entre deux abîmes. » Il n'en reconnaissait pas moins que « la monarchie de Louis-Philippe, avec tous les concours qu'elle trouvait, avait eu depuis un an et demi la plus grande peine à subsister et n'avait sauvé l'ordre public que par miracle[1]. » Avec les années, la sécurité lui était revenue, et, trompé par les apparences de l'ordre matériel, il n'apercevait pas les passions prêtes à éclater.

Le 2 février 1848, on retrouva le rédacteur du *National* de 1829 et de 1830, défendant l'odieuse guerre du Sonderbund contre la politique timide mais conservatrice de M. Guizot, M. Thiers s'écriait : « Je ne suis pas radical. MM. les radicaux le savent bien, et il suffit de lire leurs journaux pour s'en convaincre. Mais, entendez bien mon sentiment : je suis du parti de la Révolution tant en France qu'en Europe, je souhaite que le gouvernement de la Révolution

____

1. *La Révolution de 1830*, p. 10 et 29.

reste entre les mains des hommes modérés. Je ferai tout ce que je pourrai pour qu'il continue à y être ; mais quand ce gouvernement passera dans les mains d'hommes qui seront moins modérés que moi et mes amis, dans les mains des hommes ardents, fussent-ils radicaux, je n'abandonnerai pas ma cause pour cela, je serai toujours du parti de la Révolution [1]. »

Avec lui, les hommes de 1830. Odilon Barrot, Duvergier de Hauranne, de Rémusat, Léon Faucher, Crémieux, Senard ; les républicains modérés, Marie, Garnier-Pagès, Carnot ; tant d'autres, déclamateurs sans esprit politique, plus habitués à discourir qu'à délibérer, et à faire de l'opposition qu'à gouverner. A côté d'eux, derrière eux et concurremment avec eux, les jacobins faisaient leur œuvre. Mené par Ch. Delescluze, Ledru-Rollin se jetait enfin dans la lutte et revendiquait tantôt avec fermeté, tantôt avec prudence, suivant l'opportunité, les théories démocratiques. Cette imperceptible minorité se transportait à Lille, à Dijon, à Chalon-sur-Saône, et, à force de bruit, cherchait à attirer de son côté le mouvement de réforme que provoquaient si témérairement les dynastiques.

On sait ce qui arriva : la désorganisation au ministère, au château ; les ordres se contredisant ; l'armée sans chefs ; l'autorité désarmant ; les hommes énergiques écartés : Thiers et Odilon Barrot emportés par l'ouragan ; le roi élu sur les barricades de 1830 fuyant devant les barricades de 1848 ; le trône de Juillet tout à coup renversé. Quels furent les plus surpris ? Ces mêmes dynastiques de l'opposition, qui avaient fait la campagne des banquets et qui, ayant soufflé la tempête, avaient la présomption de la maîtriser. On les oublia, et la République fut proclamée. Quant à la France, elle allait payer par bien des désordres et bien des ruines cette abdication d'elle-même qu'elle se déguisait complaisamment sous le nom pompeux de souveraineté nationale.

---

1. M. Guizot lui répondait : « Voilà donc où peut en être encore un esprit si éminent ! Voilà quelles traditions, quelles passions peuvent encore le dominer et l'aveugler sur la vérité et la moralité des choses ! »

§ 4. — LA RÉPUBLIQUE DE 1848
(24 février 1848 — 20 décembre 1851).

La République de 1848 fut un régime instable pendant lequel la France affolée tourna à tous les vents et se jeta aux pieds de tous les pouvoirs. Comment donner le nom de république à une période au cours de laquelle, au scrutin comme dans l'opinion, république et républicains demeurèrent toujours en minorité; où la majorité fut constamment monarchique; où le suffrage universel, trois fois solennellement consulté, trois fois se décida pour des noms de signification monarchique?

L'opinion flotta d'abord au hasard comme la République elle-même. Dans le désarroi général, elle s'attacha, de gré ou de force, au Gouvernement provisoire, en attendant la réunion d'une assemblée; sous la Commission exécutive, elle aspira au pouvoir d'un seul; à la faveur de l'insurrection de Juin, Cavaignac fut investi par les circonstances plus encore que par l'Assemblée. Alors, les incertitudes cessent, et cinq millions de suffrages appellent à la présidence le prince Louis-Napoléon Bonaparte. De même que, sous Cavaignac, la France souhaitait la fin de cet intérim ambigu, de même, sous Louis-Napoléon, elle réclama l'institution d'un pouvoir moins éphémère: de la manifestation électorale du 10 décembre 1848 à celle du 20 décembre 1851, il n'y avait pas plus loin que de cette dernière à celle de 1852 qui rétablira l'Empire. C'est ainsi que du régime de Juillet la France passa à l'Empire; l'émeute avait renversé une monarchie, une troupe de soldats en releva une autre. En 1830, le pays n'avait pris que quelques jours pour échapper à la République; plus tard, circonvenu, hésitant, embarrassé dans les liens d'une apparence de constitution, il y employa quatre ans. On avait cru, en février 1848, à un changement de politique, et il ne se produisit qu'une débâcle sociale: on se crut en république, et la République « ne fut qu'un mot de convention pour désigner quatre ans d'interrègne »[1].

1. *Histoire de la République de 1848*, I, p. 12?. — Le lecteur me permettra, pour tout

La République de 1848 fit peur, non comme république, mais pour s'être rendue solidaire des théories socialistes ou de toutes celles qui, sous ce nom, visaient en apparence à la transformation, en réa-

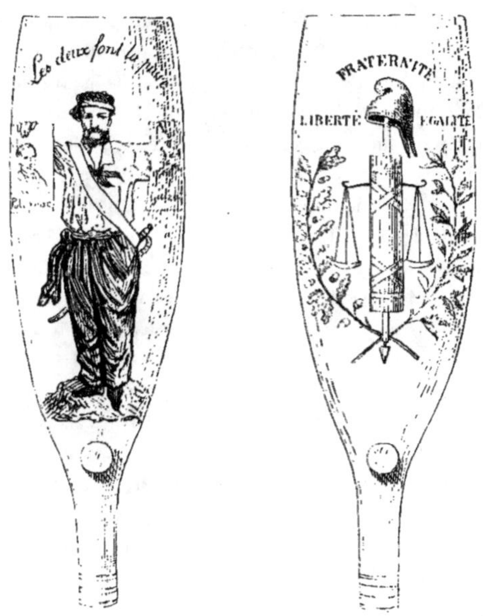

PIPES RÉPUBLICAINES DE 1848

Collection de M. de Liesville, à l'hôtel Carnavalet. — Sur la première un buste des journées de Février montre le portrait de M. de Polignac, le dernier ministre de Charles X, et celui de M. Guizot; et au-dessus on lit : « Les deux font la paire. » Sur la seconde, entre une branche de chêne, symbole de force, et une branche d'olivier, symbole de paix, un faisceau surmonté d'un bonnet phrygien et accompagné de la balance de la Justice. Au-dessus, la devise révolutionnaire: «Liberté, Égalité, Fraternité.»

lité à la destruction de tout ce qui sert de base à la société chrétienne et à tout État civilisé. Elle donna libre carrière à l'élan des réformateurs. Par les clubs, par la presse, d'abord; plus tard, par la tribune.

ce chapitre, de le renvoyer à mon *Histoire de la République de 1848. Révolution et Présidence de Louis-Napoléon Bonaparte*, 2 vol. in-8 : Plon, éditeur: Paris, 1873-1878.

ils eurent pleine licence de parler et d'agir. Les journaux des novateurs ne firent aucune révélation ; les clubs n'aboutirent qu'à des émeutes. Quant aux théories émises à la tribune, à peine leur fit-on l'honneur de les réfuter. Dans cette première période, du 24 février au 24 juin 1848, l'émeute marcha de pair avec les excès de la presse et des clubs, de sorte que la France se vit périodiquement, c'est-à-dire chaque mois, exposée à un changement de gouvernement, et, comme elle n'était pas satisfaite de celui qu'elle avait, l'unique ressource qui lui resta fut d'en redouter un pire. C'est le parti remuant, débris des sociétés secrètes du temps de Louis-Philippe, qui avait, au 24 février, envahi la Chambre des députés et les Tuileries ; le même qui tint prisonnier dans l'Hôtel de ville le gouvernement provisoire jusqu'à ce que celui-ci eût, sans droit, proclamé la République ; le même qui fit promulguer le fatal décret du droit au travail, source de tant d'agitations et de crimes. C'est à ce parti qu'il faut imputer les tentatives d'émeute du 17 mars et du 16 avril ; c'est lui qui, vaincu dans ces deux rencontres, releva la tête au 15 mai, et qui, battu encore, chercha à venger toutes ses défaites dans le sang de l'insurrection de Juin.

A chacun de ces mouvements, on voyait le bras et la pensée des réformateurs ; mais leur insuccès politique, non moins que les échecs de leurs utopies, les firent tomber en discrédit. Désormais la propagande révolutionnaire, au lieu de procéder par la force, essayera des moyens pacifiques. Les meneurs comprirent qu'ils avaient dans le suffrage universel un moyen à la fois légal et sûr de regagner le terrain perdu et de prendre barres sur leurs adversaires. A la suite de la journée du 13 juin 1849, dans laquelle la démagogie parisienne subissait une défaite que répercutait bientôt celle de la démagogie cosmopolite à Rome, les représentants du peuple qui avaient jeté le cri d'insurrection se trouvant ou exilés ou déchus, trente sièges vinrent à vaquer. Le socialisme devint le mot d'ordre des élections ; il triompha deux fois à Paris. Sa discipline éclata aux yeux, et, bien qu'il eût éprouvé dans les départements quelques échecs, l'opinion publique resta plus frappée de ses triomphes

et s'en effraya. Elle comprit qu'il s'accomplissait, dans le parti
républicain, une évolution. Il ne s'agissait plus d'équipées comme au
17 mars, au 16 avril, ni d'attentats contre le parlement comme au
15 mai et au 13 juin, ni d'insurrections sanglantes comme au 24 juin :
ces temps de brutale intervention du peuple étaient passés. Douce-
ment, pacifiquement, bénignement, la propagande socialiste s'insi-
nuait dans le pays sous le prétexte de le républicaniser. Chaque
réponse du scrutin en trahissait les progrès, et l'on sentait que, lente-
ment, par le développement normal du suffrage universel, les passions
démagogiques, plus dangereuses sous un gouvernement républicain
que sous tout autre, allaient déborder sur le pays.

De là, la loi du 31 mai 1850, rendue sous les auspices de M. Thiers,
et qui, par divers artifices, obtenait la suppression de trois millions
d'électeurs; de là, les lois contre les clubs et contre la presse; de là,
la loi du 13 mars 1850, qui organisa la liberté de l'enseignement
secondaire, loi radicale de défense sociale; de là, toutes ces mesures
de conservation que la majorité monarchique de l'Assemblée prit avec
autant de rapidité que de décision et d'ensemble.

Ces terreurs étaient-elles vaines ? N'avaient-elles pris naissance que
dans l'imagination réputée bouffonne de M. Romieu, l'auteur du *Spec-
tre rouge*, et de quelques timides bourgeois, clients du *Constitutionnel?* Cependant, à la même date, Proudhon, sans indignation, sans
amertume, du même calme, de la même sérénité métaphysique avec
laquelle, le 25 juin 1848, il allait, sur la place de la Bastille, « con-
templer la sublime horreur de la canonnade », signalait à l'horizon des
perspectives qu'un avenir prochain faillit réaliser : « Blanqui, écrivait-
il, est l'incarnation des vengeances populaires; il est, comme Marat,
une des faces hideuses, mais malheureusement logiques, nécessaires, de
la Révolution... Blanqui aura son heure, il est inutile de le nier : il y
aurait de l'imprudence, presque de l'injustice à y faire obstacle. Ce
qui s'ensuivra, sans doute, sera la dissolution de la France, si ce n'est
comme nation, du moins comme État. Mais la chute de l'État français
entraînera celle de tous les États européens; à travers la bacchanale
des sectes, des partis, des factions, des banqueroutes, des guerres

civiles, des proscriptions, nous arriverons, d'épreuve en épreuve, à la pratique pure et simple de la liberté. Je me sens digne de protester contre tout ce que ma conscience réprouve, mais je ne veux pas de rôle dans cette ronde d'hydrophobes[1]. »

La révolution de 1848 réalisa sans obstacle toutes les folies que la révolution républicaine de 1830 eût voulu faire, mais dont elle avait été empêchée par l'avènement subit de Louis-Philippe : désordres chroniques à l'intérieur, vie à main armée, effondrement du commerce, de l'industrie, des affaires, propagande révolutionnaire hors des frontières. Le discrédit diplomatique qu'avaient rencontré les hommes de 1830, et dont ils n'avaient réussi que péniblement à se relever, aurait été plus complet en 1848 si les puissances européennes n'avaient été, elles aussi, secouées par l'ouragan, et si elles n'avaient eu à se défendre contre l'ennemi du dedans avant d'atteindre la main d'où semblait partir la tempête. Il est même permis de douter que la France, malgré ses prétentions à régenter le monde et, comme Jupiter, à le faire trembler au seul pli de ses sourcils, ait eu sur les événements d'Europe en 1848 une influence décisive. La Révolution fut beaucoup moins française qu'européenne : partout où elle éclata, à Rome, à Naples, à Vienne, à Berlin, ce fut en vertu d'une force locale ; il y eut autant de volcans que d'éruptions. Mais partout aussi, et la remarque s'applique à l'Europe comme à la France, les revendications révolutionnaires trahirent un dessein plus matérialiste et plus bas que par le passé ; partout, à l'heure de la réaction, l'éducation du peuple fut à reprendre dans ce qu'elle a de plus élémentaire, comme si la barbarie avait passé sur ces générations et avait dévasté tout ce que les siècles y avaient déposé d'esprit chrétien ou de sens commun. La honteuse propagande des Marr, des Dœleke, des Weitling et de leurs confrères en matérialisme avait réussi.

Si l'on juge la révolution de 1848 dans sa politique, elle avorta misérablement : les républicains furent usés avant d'être vaincus, ils tombèrent avant d'être renversés. Si on la juge d'après ses doctrines,

---

1. *Correspondance de Proudhon*. Lettre du 14 août 1851. La phrase citée plus haut fut prononcée par Proudhon devant la commission d'enquête nommée après juin 1848.

jamais plus pitoyables mécomptes ne confondirent l'orgueil de plus en-
têtés réformateurs. Si on la juge d'après ses efforts de propagande à
l'extérieur, ses émissaires furent partout repoussés, de Savoie, d'Allemagne et de Belgique. Mais quels qu'aient été ses échecs, elle a un
titre indiscutable : celui d'avoir proclamé le suffrage universel, c'est-à-
dire d'avoir mis à la portée de tous indistinctement, ignorants ou sa-
vants, pauvres ou riches, contribuables ou non-contribuables, gens

UNE PATROUILLE DE « PATRIOTES » EN 1848

Dessin tiré de l'ouvrage intitulé *Notes et croquis de Raffet, publiés par A. Raffet fils*: Paris, Amand-
Durand, éditeur. — A la suite du décret du 21 juin dispersant les ouvriers des ateliers nationaux, les
soi-disant « patriotes » organisèrent une insurrection dans laquelle périrent les généraux Bréa, Duvivier,
Négrier, etc., et enfin Mgr Affre, archevêque de Paris, au moment où il tentait de mettre un terme à la
guerre civile.

tarés ou gens honorables, les destinées de toute une nation; d'avoir
livré à ce despote inconscient les particuliers et l'État, la vie publique
et la vie privée; d'avoir réduit à une question de majorité les plus
hauts intérêts comme les plus humbles; en un mot, d'avoir transporté
au nombre ce qui avait semblé jusque-là devoir être l'apanage du
mérite personnel : puissant élément jeté dans la vie d'un peuple,
mais puissant pour le mal, et qui, s'il n'était combattu, achèverait
promptement sa ruine. Voilà l'unique et triste originalité de la révolution de 1848.

§ 5. — LE SECOND EMPIRE.

Il y avait deux hommes dans Louis-Napoléon Bonaparte.

L'un était l'homme d'ordre, et d'ordre monarchique. — Quelques années après sa tentative de Strasbourg, le 2 juillet 1838, il écrivait au lieutenant Laity : « ..... Si un jour les partis renversaient le pouvoir actuel l'exemple des cinquante dernières années nous permet cette supposition , et si, habitués qu'ils sont depuis vingt-trois ans à mépriser l'autorité, ils sapaient toutes les bases de l'édifice social, alors peut-être le nom de Napoléon serait-il une ancre de salut pour tout ce qu'il y a de généreux et de vraiment patriote en France. » — Candidat à la présidence de la république, son nom parut un gage de stabilité et de paix. — Le soir du 13 juin 1849, quand la tentative des émeutiers eut été déjouée plutôt que vaincue, dans une proclamation au peuple français : « Il est temps, dit-il, que les bons se rassurent et que les méchants tremblent. » — Le coup d'État ne parut d'abord qu'une conquête violente du pouvoir; mais, quand les excès de la ligue du Sud-Est, les cruautés sans nom de Bédarieux et de Béziers, les émeutes de la Nièvre, du Var et de tant d'autres départements, eurent démontré qu'un parti brutal et sanguinaire avait guetté l'échéance de 1852, et qu'en se résignant au despotisme d'un seul elle avait chance d'échapper à celui des socialistes, la France respira et salua par des millions de suffrages l'audacieux défenseur de l'ordre et le protecteur de la paix sociale. Qui ne se souvient des six premières années de l'empire, de la prospérité matérielle qui s'épanouit avec éclat; des succès de la France à l'extérieur, succès militaires et diplomatiques; de la prépondérance et de l'autorité qu'avait obtenues sa politique? La liberté était voilée, bien des droits étaient atteints, mais, à côté de justes griefs, que de satisfactions données à l'ordre, à la religion! Il n'est pas interdit de croire que cette politique franchement restauratrice recevait sa récompense dans les succès qui venaient la couronner.

L'autre homme, non plus que son oncle, n'avait dédaigné dans sa jeunesse de nouer des relations dans le camp révolutionnaire; arrivé au trône, en pleine possession de la puissance, en pleine maturité de l'esprit, il ne renonça ni à ces sentiments ni à ces alliances. Le jeune prince qui, en 1832, avait combattu à Forli les troupes du Pape, l'initié aux sociétés secrètes d'Italie, se retrouva jusque dans le souverain qui, en 1849, d'une main rétablissait le pouvoir temporel, et de l'autre écrivait la lettre à Edgar Ney. Bientôt, la liberté qu'il assurait à l'Église, la protection dont il couvrait le pouvoir temporel du Pape, offusquèrent quelques-uns de ses amis, ceux qu'il avait connus dans l'exil, d'autres qui s'étaient convertis à l'ordre sans accepter les lois morales et religieuses qui en sont la source et la garantie. On lui donna à entendre qu'il s'était mis entre les mains du clergé et, naturellement, des jésuites; on remua le fond de voltairianisme que les puissants croient de bon ton de garder et que les hommes à mœurs légères retrouvent volontiers. Il y avait là des saint-simoniens, encore plus tourmentés de leur haine contre le christianisme que satisfaits de la carrière industrielle largement ouverte devant leurs appétits. Il y avait là des Mécènes sceptiques et relâchés qu'offusquait un reste de dignité, et qui voulaient vivre à l'aise et sans gêne, dans leur milieu vulgaire de passions financières et de mœurs à la Régence. Il y avait là enfin, mêlés de gens de toutes sortes, exotiques et indigènes, des hommes à petite instruction, à petit esprit, à petites vues, mais qui, dévoués à l'Empire, rêvaient volontiers pour lui quelque chose de grand ou de théâtral.

La question d'Italie fut l'occasion. Avec quelle ardeur l'empereur la saisit! Il y trouvait comme un regain de jeunesse. La cause était pleine de séductions : n'allait-il pas affranchir l'Italie d'un joug séculaire et créer au pied des Alpes un grand peuple qui serait doublement notre allié, et par le voisinage, et par la reconnaissance? Quant aux aventures qu'allait courir le pouvoir temporel du Pape, ou sa pensée ne s'y arrêtait pas, ou bien il se laissait dire que, ce pouvoir par lui combattu naguère, il ne l'avait défendu depuis que sous l'inspiration de personnes hostiles à sa dynastie; qu'il l'avait même trop défendu peut-être, sinon pour sa gloire, du moins pour sa bonne réputation vis-à-vis des démocrates. Tout cela, dès les premiers jours de la présidence, il l'avait promis à ses amis d'Italie; il l'avait voulu, il l'aurait tenté alors, s'il eût été abandonné à lui-même : M. Thiers et le régime parlementaire l'avaient arrêté. Libre désormais, il pouvait agir.

Il était libre, et puissant à ce point qu'il dictait alors la loi à l'Europe c'était au moment du congrès de Paris, après la prise de Sébastopol, et que, touchant aux affaires d'Italie, il le pouvait faire en maître, et en maître généreux. Il garda pour lui seul, en France du moins, le secret et la direction de l'entreprise. Dans ces conjonctures où l'argent, le sang et l'avenir du pays allaient se trouver si gravement engagés, l'empereur ne voulut pas d'autre responsabilité que la sienne, d'autre confident que lui-même. Je me trompe : c'est avec Cavour qu'il prépara cette entreprise; c'est dans des conversations confidentielles avec le ministre italien qu'il en régla les détails financiers, diplomatiques, militaires; c'est de concert avec lui qu'il détermina le prétexte de la guerre, les avantages respectifs, les répartitions de territoires, les alliances, cela dès le mois de juillet 1858[1]: le vrai ministre de l'empereur fut un ministre étranger.

Il parut le maître, il ne l'était pas. Cette question d'Italie, si chère à l'empereur, devint l'embarras de son règne. Que de mécomptes successifs! Trois victoires avaient suffi pour achever la guerre; mais le traité de Villafranca ne satisfaisait ni le roi de Piémont, ni Cavour, ni les Italiens. L'empereur avait tracé un programme d'organisation à l'Italie : aucun point de ce programme ne se réalisa. Où l'empereur voulait la fédération, le parti démocratique italien comme le parti de la cour voulaient l'unité. L'empereur souhaitait le rétablissement des ducs : ils furent chassés. Avant d'entrer en campagne, aux alarmes des catholiques et des évêques, l'empereur avait fait répondre par le ministre des cultes : « L'empereur y a pensé devant Dieu: sa sagesse et sa loyauté bien connues ne feront défaut ni à la religion ni au pays; il est le plus solide soutien de l'unité catholique, et veut que le chef de l'Église soit respecté dans tous ses droits de souverain tempo-

1. Lettre de Cavour au général Alphonse La Marmora, Baden, 27 juillet 1858.

rel. « Or la Révolution détachait successivement les domaines du
Pape, et l'empereur lui-même proposait de réduire le domaine ponti-

ASSIETTE DITE DE BRACQUEMONT

D'après une faïence de la collection de M. de Liesville, à l'hôtel Carnavalet. — Un aigle, figurant l'Empire, regarde avec effroi un bonnet phrygien placé dans un cercle lumineux entouré de rayons. Cette pièce satirique, exécutée à dix exemplaires, se rapporte à l'époque où l'Empire hésitait à entrer dans la voie des concessions « libérales ».

fical à la ville de Rome, ou, comme on disait alors, au Vatican avec
un jardin. Enfin, l'un des scandales diplomatiques les plus effrontés

était donné au monde : sous le couvert d'un chef de bandes, tour à tour désavoué et glorifié, Victor-Emmanuel prenait possession du royaume des Deux-Siciles, avec la complicité presque active de l'Angleterre et devant le gouvernement français silencieux. Tout, en Italie, marchait au gré des envahisseurs.

Entre l'Italie et l'empereur, un seul point restait à débattre : Rome. Lié par ses déclarations antérieures, par les convenances diplomatiques, par l'opinion unanime des catholiques, par certain amour-propre qui, après avoir si souvent fléchi, avait besoin de résister au moins une fois, retenu enfin par la conviction que les Italiens, n'ayant plus besoin de la France, oublieraient vite tout ce qu'ils lui devaient, l'empereur demeurait fidèle au Pape, et, même en retirant ses troupes, protégeait de loin l'étroit et brillant réduit où s'était retranchée la souveraineté pontificale. De son côté, l'Italie promettait de ne pas s'emparer de Rome par la force, tout en réservant les moyens moraux, ceux-là sans doute dont elle avait usé pour envahir les duchés, les légations, la Romagne et le reste. Toutes les concessions que l'empereur avait faites, tous les services qu'il avait rendus à l'Italie disparaissaient ou perdaient leur prix devant ce petit territoire qu'il semblait leur refuser. L'alliance qui existait entre les deux pays n'était plus que de forme, et déjà les Italiens cherchaient un autre allié plus puissant, plus complaisant et moins voisin de leur frontière. Voilà à quoi avait abouti la guerre d'Italie.

A l'intérieur, elle avait eu un autre effet. Les catholiques avaient été froissés de toutes les atteintes portées au pouvoir temporel du Pape, et, sentant que l'empereur avait prêté l'oreille aux révolutionnaires, ils réservaient la confiance qu'ils lui avaient donnée au début de l'empire. Républicains et radicaux gagnaient du terrain : l'œuvre italienne, quoiqu'elle ne fût pas faite par eux, était la leur, répondait à leurs vœux, et telle avait été la nature des moyens employés qu'ils reconnaissaient dans les acteurs de ce drame des hommes de leur camp et des partisans de leurs idées intimes. La diplomatie s'était d'abord étonnée, scandalisée; les empereurs et les rois avaient rappelé leurs ambassadeurs, blâmé les procédés déloyaux,

stigmatisé la violation effrontée des traités, du droit des gens, des
relations de voisinage ; puis on trouva l'exemple bon à imiter, et,
dans la guerre que l'Autriche et la Prusse, encore alliées, firent
bientôt au Danemark, le comte de Bismark prononça le mot fameux,
résumé de l'œuvre italienne, programme de la diplomatie de l'avenir :
« *Macht vor Recht*, la force avant le droit » ; maxime de barbares, ou
plutôt maxime révolutionnaire, sous laquelle allait succomber le droit
des gens européen.

Faut-il poursuivre et marquer pas à pas les progrès de la décom-
position de la France correspondant aux accroissements extraordinaires
de la Prusse ; l'Italie agrandissant son territoire à la suite de défaites
auxquelles son alliance avec la Prusse donna l'effet de victoires ; l'Autriche abaissée, mais la France atteinte elle-même des coups qu'elle
avait laissé porter à l'Autriche ; les illusions d'un éclat trompeur à
l'Exposition de 1867 ; les mœurs affaiblies, l'esprit matérialiste s'en-
hardissant, l'incrédulité osant s'étaler jusqu'au Sénat, les folles paroles
des réunions publiques devenues comme le tocsin d'une guerre sociale,
l'idée de patrie s'affaissant dans le naufrage des sentiments moraux
et religieux ; enfin, cette guerre déplorable, qui débuta par des défaites et se continua par l'effondrement de l'Empire et la mutilation de
la France ? Événements si récents que le souvenir et la douleur en
sont encore présents à tous ; désastres effroyables qui auraient dû
tourner en leçon, si nos organismes moraux n'étaient, suivant le mot
d'un ancien, aussi incapables de se résigner au remède que de sup-
porter le mal.

§ 6. — DOUZE ANS DE RÉPUBLIQUE.

Au cours de sa longue histoire, la France essuya plus d'un grand
revers. A Crécy, à Poitiers, à Azincourt, elle vit tomber la fleur de
ses chevaliers et de ses hommes d'armes ; un de ses rois fut prisonnier en Angleterre ; un autre, chassé de Paris, errant dans le royaume
avec un tronçon d'armée, apprit un jour que le roi d'Angleterre
venait d'être sacré roi de France à Notre-Dame. Louis XIV eut, lui

aussi, ses jours de deuil national: mais, plutôt que de consentir à des conditions honteuses pour la France, il fit un nouvel appel à la noblesse et au peuple, et, malgré la disette, malgré les ruines que la guerre avait faites, la France lui fournit les moyens de soutenir la lutte et de parvenir à un traité avantageux. Il y avait alors, quels que fussent d'ailleurs les abus de la royauté eh! en manque-t-il aujourd'hui pour que le présent se montre sévère à l'égard du passé?, il y avait alors un phare que dans la tempête tous apercevaient et respectaient, un foyer d'union auquel tous se ralliaient : dans la prospérité, c'était le principe consenti par tous qui formait le lien de tous les intérêts: dans la mauvaise fortune, c'était la ressource suprême, et, pour sauver le royaume, ni les citoyens ne songeaient à renverser le roi, ni le roi à déposer sa couronne.

Dans la France moderne, il en va tout autrement. Après vingt ans de combats, un soldat, acclamé jadis comme un sauveur, voit deux fois la victoire infidèle à ses drapeaux : les sénateurs qu'il a nommés et enrichis s'empressent de prononcer sa déchéance et l'empereur d'abdiquer. Il semble qu'entre la nation et lui il n'y ait eu qu'un contrat d'aventure, révocable à toute heure et dont la fortune dispose bien plus que la volonté des contractants. Plus tard, un neveu de cet homme unique a, lui aussi, l'honneur d'être désigné à son tour comme le sauveur prédestiné de cette société française toujours voisine de l'abîme. Un revers arrive : ce souverain, qu'avaient intronisé naguère plusieurs millions de suffrages; qui, six mois auparavant, après vingt ans de règne, n'avait pas hésité à demander au suffrage universel une nouvelle consécration et qui l'avait obtenue éclatante, succombe à son tour, vaincu. Il rend son épée. Au même instant, Paris s'insurge, l'institution impériale tombe comme d'elle-même, et la nation, complice ou non, laisse faire, oubliant que sa destinée et sa propre existence sont l'enjeu de cette révolution accomplie d'un cœur léger en face d'un ennemi triomphant.

Si la France se sépare sans chagrin de chacun des gouvernements qu'elle avait tour à tour acclamés, en revanche elle accueille les nouveaux non pas au nom de leur droit, mais au nom de la nécessité.

Toujours près de sombrer, à chaque crise, elle appelle au secours. C'est au nom de la nécessité que les révolutionnaires de l'hôtel Laffitte

ASSIETTE DITE D'ARAGO

D'après une faïence de la collection de M. de Liesville, à l'hôtel Carnavalet. — Cette pièce est unique et rappelle le rétablissement de la mairie de Paris le 4 septembre 1870, qui était comme le prélude du rétablissement de la Commune. — « Les hommes qui, en montant au pouvoir après la catastrophe de Sedan, avaient accepté charge d'âmes, n'ont point pris la peine de guider la population de Paris... Ils l'ont laissée flottante entre l'oisiveté, l'ivrognerie et l'énervement de la défaite; les maîtres de la revendication sociale n'ont pas eu beaucoup d'efforts à faire pour s'en emparer, et l'un des plus grands crimes de notre histoire a été commis. » (MAXIME DU CAMP, *Les convulsions de Paris*, I, p. 318.)

avaient salué roi Louis-Philippe; c'est au nom du salut public que le Gouvernement provisoire s'était emparé de la dictature; que Cavaignac

avait été nommé chef du pouvoir exécutif; que Louis-Napoléon Bonaparte avait été élu successivement président de la république, et
empereur. Triste mode pour la souveraineté nationale de ne s'exercer
que sous le poids d'une fatalité qui lui dicte son choix avant qu'elle
l'ait fait librement! En 1870, la députation de Paris n'avait pas plus
de droit à saisir en mains le gouvernement de la France; aussi, pour
colorer son usurpation, avait-elle pris le nom de « Gouvernement de
la défense nationale ». En réalité, c'était la république qui s'introdui-
sait furtivement, avec la prétention de défendre toute seule le territoire
et d'accaparer la gloire d'avoir sauvé la France!

L'événement déjoua cette ambition, et ce fut celui même qui
avait écrit, au lendemain du 4 septembre : « Nous ne céderons ni
un pouce de notre territoire ni une pierre de nos forteresses »,
qui mit sa signature au bas du traité de Francfort, ce traité qui nous
dépouillait de deux riches provinces conquises par la royauté et qui
imposait à la France une rançon de cinq milliards. Mais, de même
que les républicains n'avaient pas trouvé indigne de leur patriotisme
de se révolter contre l'Empire au milieu de ses défaites et de dé-
membrer, en face de l'ennemi, l'organisation générale, il arriva que,
pendant les angoisses du siège, quand toutes les pensées et tous les
efforts eussent dû se concentrer sur la défense, des hommes qui n'allaient pas au rempart, et dont la lâcheté dans les tranchées avait été
dénoncée par leur général, n'hésitèrent pas plus que leurs aînés à
fomenter la dissension intérieure. Ces braves n'attendaient qu'une
sortie de l'armée régulière pour s'emparer à leur tour du pouvoir,
et les usurpateurs du 4 septembre furent réduits à se défendre à la
fois et contre le Prussien dont le canon atteignait les forts, et contre
des bataillons français en révolte. Paris capitula : Jules Favre, aveugle
et faible jusqu'au bout, crut avoir gagné beaucoup sur l'intraitable
négociateur allemand pour avoir obtenu que les troupes livrassent leurs
armes et que les gardes nationaux retinssent les leurs. En réalité, il
ne publiait que sa double impuissance et contre l'ennemi du dehors
et contre celui du dedans.

Enfin, nous les avons vus à l'œuvre, ces révélateurs d'un monde

LA REVUE DES GARDES

DE LA VILLE DE PARIS

AQUARELLE DE NICOLE, DIX-HUITIÈME SIÈCLE

———————

D'après l'épreuve communiquée par M. Ruggieri, à Paris. — La revue des gardes dont l'habillement a été renouvelé, en prévision du mariage de M. le dauphin (Louis XVI), se passe en présence de Bignon, prévôt des marchands, Viallard, Bouches d'Argy, de Laix et de La Rivitot, échevins, Jolliver de Vannes, procureur du roi, et Tattbout, greffier-archiviste: leurs armoiries figurent au bas de la gravure.

C'est une scène de la vie municipale sous l'ancien régime.

Alors les communes s'administraient elles-mêmes par des magistrats élus dans l'assemblée générale des habitants réunis sur la place publique, dans l'église ou à l'hôtel de ville. Supposons « qu'un Français du dix-neuvième siècle pénètre dans une commune du moyen âge:... les bourgeois se taxent, élisent leurs magistrats, jugent, punissent, s'assemblent pour délibérer sur leurs affaires: tous viennent à ces assemblées: ils ont une milice, en un mot, ils se gouvernent, ils sont souverains. Le Français du dix-neuvième siècle ne peut en croire ses yeux ». (Guizot, *La Civilisation en Europe*, p. 192.)

L'hôtel de ville devant lequel a lieu la revue est le même qui a été incendié par la Commune, le 24 mai 1871.

nouveau. Proudhon disait que Blanqui devait avoir son heure : cette
heure était venue. Suivant la vieille théorie du maitre, on débuta par
l'assassinat, on continua par l'assassinat et l'on finit par l'assassinat.
Le 18 mars, Clément Thomas et Lecomte, à Montmartre; le 22 mars,

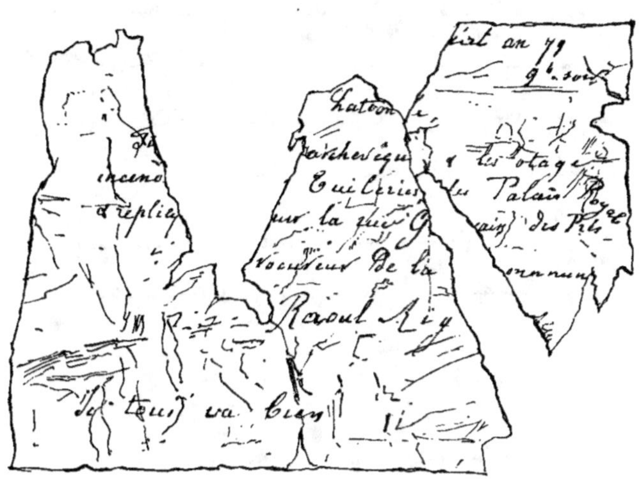

FAC-SIMILÉ RÉDUIT D'UN AUTOGRAPHE DE RAOUL RIGAULT

D'après l'Autographe de 1870-1871, 1re série. — Le 23 mai, Raoul Rigault commanda lui-même le peloton
d'exécution de Gustave Chaudey; le lendemain, il présidait aux incendies de la rue du Bac et du carrefour
de la Croix-Rouge. - Il a mené à la préfecture de police, a écrit Rossel, l'existence scandaleuse d'un viveur
dépensier, entouré d'inutiles, consacrant à la débauche une grande partie de son temps. » (MAXIME DU CAMP,
Les convulsions de Paris, I, p . 167.) — Voici le texte complet de l'autographe ci-dessus reproduit :

Latronche,   Floréal an 79. 9 h. du soir.

Fusillez l'archevêque et les otages: incendiez les Tuileries et le Palais-Royal. et
repliez-vous sur la rue Germain-des-Prés.   *Le Procureur de la Commune*
Ici tout va bien.   RAOUL RIGAULT

nombre de citoyens sur la place Vendôme; à la fin de mai, les otages :
voilà le bilan de la Révolution communale. Et pourquoi ces meurtres?
Le voici. On se sépare ainsi du bourgeois timide qui ne veut pas
admettre qu'une révolution se scelle dans le sang; on s'assure que les
adhérents du nouveau régime auront brisé avec le passé et n'auront

Je suppose que notre ami est
resté dans sa patrie depuis... sans doute,
on est mieux qu'à Paris, je ne suis
pas même sûr en lançant cette lettre qu'elle
vous trouvera à l'adresse que je lui donne...
mais j'acquitte ma conscience.

Pour moi, je reste à Arcueil, où
les pauvres gens nous envoyent leurs malades
et quelques blessés que nous soignons de
notre mieux : Bonnes gens pour la plupart
qu'on fait blesser ou tuer, comme toujours,
sans qu'ils sachent trop pourquoi. Cela
donne raison au comte de Maistre...

adieu, messieurs, je reste tout
vôtre en notre Seigneur

Samedi 21 avril   Fr. M. Bourard

LETTRE DU P. BOURARD, MASSACRÉ LE 25 MAI 1871

Fac-similé de la lettre originale, communiquée par M. Victor Pierre, à Paris. — Le P. Bourard, compagnon du P. Captier, fut massacré avec lui. On voit par cette lettre que les Dominicains soignaient dans leur maison d'Arcueil les blessés insurgés.

plus aucun lien, même d'honnêteté, qui les y retienne. Libre ensuite aux chefs de la révolution de désavouer les meurtriers, d'invoquer la colère du peuple et de rejeter sur cette collectivité sans responsabilité morale les forfaits qui auront fondé et inauguré le nouveau régime. Pour l'instant, on est maître; et c'est ce qu'il faut.

LA MORT DU P. CAPTIER, LE 25 MAI 1871

Marbre blanc, sculpté par M. Bonnassieux, pour être érigé dans le jardin de l'école Albert-le-Grand, à Arcueil. — Le P. Captier tombe en adressant ces paroles à ses compagnons: « Mes enfants... pour le bon Dieu et pour la France! » — En même temps que le P. Captier, directeur de l'école Albert-le-Grand, périrent quatre religieux dominicains et huit autres otages appartenant tous au personnel de cette école. Le massacre du P. Captier et de ses compagnons avait été précédé du massacre de la Roquette et fut suivi de celui de la rue Haxo.

Le gouvernement de M. Thiers fit aux insurgés la partie belle. On allait dans les ministères, dans les administrations, dans les postes : ministres, soldats, employés, tous étaient partis. Ces fortifications, destinées à « embastiller Paris », disait, en 1840, l'opposition républicaine, M. Thiers les abandonnait sans combat aux insurgés de Paris;

ces forts, que les Prussiens venaient de quitter, étaient évacués en hâte et c'était l'armée communale qui venait y relever l'armée régulière. Peu s'en fallut que le mont Valérien ne tombât, lui aussi, entre les mains de Lullier et de sa bande. L'histoire aura à juger non pas seulement si cet abandon de Paris et des forts était commandé par une nécessité militaire, mais si M. Thiers, en fournissant à la résistance parisienne de si nombreux moyens de se prolonger, n'avait pas la secrète pensée de se rendre plus nécessaire, d'énerver par l'attente les essais de restauration monarchique et de consolider la situation provisoire dont il était le chef. Pourquoi ces députations, venant de Lyon et d'ailleurs, insistant auprès de M. Thiers pour qu'il s'engageât en faveur de la République, députations provoquées sans doute et auxquelles M. Thiers prétendait plus tard, on pourrait demander de quel droit, s'être engagé au nom de la France ? Pourquoi ces bruits, si complaisamment répandus, que la République était en danger si l'on ne faisait des concessions à la ville de Paris ? La République en danger ? — Et la France, n'était-elle pas encore plus en danger, alors que cette révolution irritait et les honnêtes gens, fatigués de la lenteur de la répression, et les Allemands eux-mêmes qui menaçaient de mettre ordre à cette émeute que M. Thiers laissait trop durer ?

Deux mois après avoir quitté Paris, l'armée y rentra : une semaine s'écoula encore, et la résistance fut définitivement vaincue. Fusillades sommaires sur le vaste champ du combat; long convoi de prisonniers se déroulant du cimetière du Père-Lachaise jusqu'à Versailles; entassement des insurgés dans l'Orangerie, plus tard sur les pontons; interminables jugements des conseils de guerre; nombreux départs des condamnés pour la Nouvelle-Calédonie : voilà les suites de cette guerre civile. Il faut reconnaître qu'en 1871 des procédures régulières remplacèrent le système des commissions militaires et de la transportation sans jugement qu'avait imaginé, après juin 1848, le gouvernement du général Cavaignac. Mais sous quel roi de France vit-on des insurrections aussi terribles suivies de répressions aussi extraordinaires ? La première République avait le privilège de l'échafaud et plus tard de la déportation; la seconde

transporta sans jugement et par voie de commissions; la troisième
se vit réduite à convoquer plusieurs conseils de guerre pour juger

LA PORTE DU CHŒUR DE L'ÉGLISE ABBATIALE DE SOLESMES

État actuel, d'après une photographie communiquée par M. E. Cartier, à Solesmes. — La porte est en
partie défoncée. On y voit, ainsi que sur la fenêtre voisine, les scellés qui furent apposés après l'expulsion
des religieux. La première expulsion eut lieu le 6 novembre 1880, et la deuxième, le 22 mars 1882. (Voy.
E. CARTIER, *Les moines de Solesmes. Expulsions.*)

une armée d'insurgés. Insurrection et répression ont suivi un
progrès parallèle. Triste perspective pour l'avenir! La lutte prend,
à chaque crise, des proportions plus grandes; et qui nous dira

si la prochaine guerre sociale, au lieu de se concentrer dans Paris, ne s'étendra pas aux grandes villes de France et à des provinces tout entières?

En présence des ruines matérielles qu'avait faites la guerre de 1870 et des ruines morales qu'elle avait révélées; après les sauvages horreurs de la Commune, les laideurs repoussantes qu'elle avait étalées, son épouvantable sang-froid dans le crime, le devoir de tout Français n'était-il pas de s'interroger soi-même et de se demander s'il n'avait pas pour sa part contribué à amener ces hontes et ces désastres? s'il avait bien vécu, ou si, tout au contraire, il n'avait pas donné l'exemple de ces mauvaises mœurs qui énervent toute croyance divine et humaine? s'il n'avait pas été trop attaché à sa fortune, aux jouissances matérielles, aux destinées égoïstes de sa famille? s'il n'avait pas oublié ses frères, sa foi, sa patrie? Cet examen de conscience accompli, il avait une grande résolution à prendre, résolution que lui dictait tout au moins le patriotisme, celle de substituer dans sa vie à la jouissance la modération, aux désirs ambitieux l'abnégation et le sacrifice, aux mœurs relâchées la dignité, sinon l'austérité absolue de la conduite.

Voilà quel était le devoir de tout citoyen : les hommes politiques en avaient un autre. C'était de reconstituer la France sur les bases de ses traditions séculaires, de l'arracher à l'étreinte révolutionnaire, de faire rentrer dans ses institutions les principes chrétiens, et, à tous ceux qui invoquent les droits de l'homme, de rappeler les droits de Dieu sur les sociétés et les devoirs des sociétés envers lui. La Révolution avait fait ses preuves : ceux qui en étaient sortis n'avaient su conserver ni défendre la France de 1789, telle que la royauté l'avait faite; elle n'avait pas su davantage conserver la paix sociale. Que fallait-il donc? une réaction énergique, non pas contre l'esprit légitime de réforme qui, à l'aurore de la Révolution, animait tant d'hommes sages et le roi lui-même, mais contre cet esprit de destruction et de révolte qui avait tout sapé, croyances et institutions, et qui ne laissait ni dans les âmes le respect de l'autorité, ni dans l'État une autorité méritant le respect.

Cette œuvre, que le parti monarchique avait essayée dans l'Assemblée législative de 1849 et dont la loi sur la liberté de l'enseignement secondaire avait été l'une des plus bienfaisantes manifestations, l'As-

LA RÉVOLUTION ET L'EUROPE

D'après une gravure de la Bibliothèque nationale, dix-huitième siècle. — Un patriote, tenant d'une main la Constitution républicaine, fait tourner de l'autre la roue d'une machine électrique dont la chaîne communique avec les trônes de l'Europe; il tente de les foudroyer par le choc des principes révolutionnaires. — « L'immense majorité des civilisations occidentales, les Anglo-Saxons, les Germains et les Slaves ont refusé d'entrer dans l'orbite » de la Révolution. « Non seulement elle est repoussée, mais elle est vaincue... Elle est obligée de renoncer aux vastes ambitions, aux espérances illimitées, à l'instauration de la propagande universelle, arrêtée net devant le mur d'airain des faits inexorables, et réduite, au lieu de conquérir l'univers, à ne plus subsister que par sa tolérance... Les États qui ont une politique parce qu'ils ont conservé leur monarchie séculaire, leur aristocratie, leur discipline traditionnelle, se partagent aujourd'hui la direction de l'Europe en face de la France démocratique républicaine et annulée. » F. LOLIÉE, Le Problème de la France contemporaine, pp. 201, 202, 220.

semblée nationale de 1871 la reprit avec courage : elle l'eût achevée si elle avait porté dans les choses politiques l'initiative hardie avec

CIRCOLO ANTICLERICALE GENOVA   Genova 27 Giugno 1882

Onorevole Signore

Il Consiglio del Circolo Anticlericale, interprete dei sentimenti dei soci, ringrazia la S. V. pel bellissimo articolo di réclame La bandiera di Satana etc. etc. comparso nel numero 148. 24. Giugno 1882, del giornale L'Unità Cattolica; ed ammirando la squisita gentilezza usatagli nell'informare i cattolici dell'innalzamento d'una bandiera che, se le forze corrosponderanno alla volontà, pianteremo sopra ogni vostra chiesa e sul Vaticano — la chiesa delle chiese —, vi manda altri cordiali ringraziamenti

Il Consiglio

Al Molto Reverendo Don Giacomo Margotti Direttore del Giornale L'Unità Cattolica

Torino

TRADUCTION DE LA LETTRE REPRODUITE CI-DESSUS

CERCLE
ANTICLÉRICAL   Gênes, le 27 juin 1882.
DE GÈNES

Honoré Monsieur,

Le conseil du *Cercle anticlérical*, interprète des sentiments des sociétaires, remercie Votre Seigneurie du splendide article de réclame *La bannière de Satan*, etc., paru dans le numéro 148, 27 juin 1882, du journal l'*Unità Cattolica*; et, admirant l'exquise amabilité avec laquelle vous informez les catholiques de l'inauguration d'une bannière que, si notre pouvoir correspond à notre volonté, nous arborerons sur toutes vos églises et sur le Vatican, l'église des églises, il vous envoie de nouveau ses cordiaux remerciements.

Le Conseil.

Au très révérend seigneur Jacques Margotti.
Directeur de l'*Unità Cattolica*, à Turin.

laquelle elle traitait les intérêts sociaux. En 1850, une grande question avait été posée par les serviteurs mêmes du roi Louis-Philippe : celle de la réconciliation des deux branches de la maison de Bourbon. Ils avaient échoué. Mais, en 1873, à la suite d'une noble démarche de M. le comte de Paris, cette réconciliation s'opéra et M. le comte de Chambord fut solennellement reconnu par tous les princes d'Orléans comme l'unique chef de la maison de France.

Par suite de quelles intrigues ou de quels malentendus ce rapprochement entre les princes se réduisit-il à un événement de famille, nous n'avons pas, dans ce rapide tableau, à le rechercher ou à en tenter l'explication. Malgré la réunion des deux branches, malgré les bonnes dispositions de l'Assemblée, en dépit de l'élan singulier, surprenant peut-être, qui avait comme un caractère populaire et qui nous entraînait vers une nouvelle restauration des Bourbons, les divisions des monarchistes subsistèrent, et, cette fois encore, la monarchie ne fut pas rétablie.

C'est de cette époque (octobre 1873) que la République, ayant rencontré une imperceptible majorité, a pu se considérer comme la forme légitime, quoique reconnue seulement provisoire et révisable, du gouvernement de la France. C'est de cette époque aussi, qu'enhardis moins par leurs succès personnels que par les incertitudes de leurs adversaires, les républicains ont refusé le budget et contraint le président de la république à dissoudre l'Assemblée nationale. Revenus en force, dirigés par celui qui avait passé sa vie à les combattre, ils obtinrent la démission du maréchal de Mac-Mahon : M. Grévy fut élu à sa place. Désormais ils étaient les maîtres, et ils nous le firent voir. Ces violences d'hier, la France en saigne encore : ce n'est l'histoire ni de la République ni d'un gouvernement, c'est l'histoire d'une tyrannie impudente, hypocrite, violant les propriétés, forçant les consciences, déclarant guerre et haine à toute idée comme à toute institution religieuse, et qui, après avoir amnistié la Commune, s'apprête à en réaliser légalement les programmes.

Que des hommes sans passé, sans études, sans expérience, le plus souvent sans conscience politique, se livrent à ces aventures, on le comprend : ils sont à la hauteur du suffrage qui les choisit et qui, non plus qu'eux, n'a ni passé, ni études, ni expérience, ni conscience politique. Mais comment admettre que des hommes éprouvés, expérimentés, ayant science et mœurs, puissent sinon se donner, au moins se prêter à un pareil régime, et s'imaginent que, par des concessions,

INNO A SATANA

A te, dell' essere
principio immenso,
materia e spirito.
ragione e senso;

mentre ne' calici
il vin scintilla
si come l' anima
ne la pupilla :

mentre sorridono
la terra e il sole

e si ricambiano
d' amor parole.

e corre un fremito
d' imene arcano
da' monti e palpita
fecondo il piano :

a te disfrenasi
il verso ardito,
te invoco, o Satana.
re del convito.

. . . .
. . . .

Salute, o Satana,
o ribellione,
o forza vindice
della ragione !

Sacri a te salgano
gl' incensi e i voti !
Hai vinto il Geova
de' sacerdoti

HYMNE A SATAN

Vers toi, principe infini de l'être, esprit et matière, raison et sens:

Tandis que dans nos coupes scintille le vin, comme l'intelligence dans le miroir de l'œil ;

Tandis que le soleil et la terre échangent des sourires et des mots d'amour:

Tandis qu'un mystérieux frémissement d'hymen descend des montagnes et fait palpiter la plaine féconde :

Vers toi, s'élancent mes vers enflammés. Je t'invoque, o Satan ! o roi de ce banquet.

. . . .

Salut. o Satan, o Rébellion, o Force vengeresse de la raison !

A toi le sacrifice de notre encens et de nos vœux ! Tu as vaincu le Jéhova des prêtres.

LE CULTE DE SATAN AU DIX-NEUVIÈME SIÈCLE

Strophes de l'Hymne à Satan, composé par le poète italien J. Carducci. (Giosuè Carducci. Satana e polemiche sataniche. Bologna. Nicolas Zanichelli, édit.) — L'Hymne à Satan a été chanté à Turin, au théâtre Alfieri, le dernier soir du carnaval de 1882, aux applaudissements d'un public en délire. Ainsi se trouve justifiée la parole de J. de Maistre : « La Révolution est satanique dans son essence ».

ils maintiendront leur influence et morigéneront leurs mandants : Le maréchal de Mac-Mahon l'a cru, et il a été débordé. M. Jules Simon l'a cru, et on l'a traité en rétrograde ; M. Dufaure s'est retiré devant les prétendus modérés de la République, après leur avoir livré celui qu'il servait ; tout personnage qui a prétendu gouverner a été par cela seul suspect de conspiration contre la République. En vérité, on serait tenté de croire que, dans l'esprit de ses partisans, la République n'est pas un gouvernement, mais la constatation publique de l'absence de gouvernement, ce que Proudhon appelait l'*an-archie*.

C'est plus encore : car de ne permettre ni à la conscience chrétienne de s'exprimer, ni à la propriété collective, si elle protège une œuvre de charité, de s'organiser, ni à l'individu de se réunir à d'autres pour vivre avec plus d'austérité que dans le train ordinaire de la vie ; ni au père d'élever ses enfants à sa guise ; ni au mariage de maintenir sa dignité par l'indissolubilité ; ni au sacerdoce de se recruter ; ni à l'instruction publique de se développer à tous les degrés dans l'orbite d'une liberté honorable : tout cela, ce n'est plus un gouvernement, mais le contraire d'un gouvernement.

Enfin, des ministères qui n'ont ni cohésion ni durée, composés de gens qui se jalousent et se minent l'un l'autre ; des ministres à qui les divisions du parti républicain ne donnent licence d'avoir ni une idée précise ni un programme personnel ; les affaires traitées au jour le jour et sans esprit de suite ; la diplomatie, qui vit de précédents et de traditions, livrée à une instabilité déplorable et à une inexpérience notoire ; la guerre et la marine, qui développent la force de la nation et doivent garantir son indépendance, aussi désorganisées que le reste ; tous les services enfin, institués de telle sorte qu'il n'est pas de particulier qui consentirait ou à gérer ainsi ses propres affaires ou à les confier à de pareilles mains : voilà dans quel état, renouvelé d'une ancienne et lointaine époque, qui s'appelait déjà la République, se trouve la France politique d'aujourd'hui.

« En France, la République n'est pas seulement le nom d'une forme de gouvernement, plus ou moins appropriée aux mœurs et à la situation politique du pays ; fille de la prétendue philosophie du dix-huitième siècle, c'est une doctrine hiératique avant d'être un régime politique, et cette doctrine se pose en ennemie des croyances chrétiennes et de toutes les institutions qui se sont inspirées du christianisme. Comment le nier, après les deux épreuves de 1792 et de 1848, et en présence de la troisième qui se fait sous nos yeux ? » Ces lignes que j'écrivais en août 1878[1], les quatre dernières années les ont amplement justifiées. Nous n'avons pas affaire à des politiques, mais à des fanatiques; la République, telle qu'on nous la montre, n'est qu'un instrument de propagande antichrétienne; elle est l'incarnation de la Révolution, dans tout ce que la Révolution comporte de haine et d'esprit tyrannique; elle ira à la ruine, sans doute, car pour gouverner il faut, quelque nom qu'on se donne, remplir les conditions normales d'un gouvernement; mais elle y conduira la France en même temps. En décembre 1800, Bonaparte disait : « La Révolution est finie. » Quatre-vingts ans après cette parole, nous pouvons dire : « La Révolution dure encore : elle triomphe ! »

1. *Histoire de la République de 1848*, II, p. 711.

Victor PIERRE.